Wiebke Gerstenmaier / Sonja Grimm

Besser in Deutsch

Realschule

Mit 20 S. Lösungsheft

5. Klasse

Cornelsen
SCRIPTOR

Die Autorinnen: Wiebke Gerstenmaier und Sonja Grimm unterrichten Deutsch an Schulen in Baden-Württemberg. Außerdem sind sie in der Lehrerfortbildung tätig.

www.cornelsen.de

Bibliografische Information:
Die Deutsche Bibliothek verzeichnet diese Publikation in der Deutschen Nationalbibliografie; detaillierte bibliografische Daten sind im Internet über http://dnb.ddb.de abrufbar.

Dieser Band folgt den Regeln der deutschen Rechtschreibung, die seit August 2006 gelten.

5.	4.	3.	2.	1.	Die letzten Ziffern bezeichnen
12	11	10	09	08	Zahl und Jahr der Auflage.

Projektleitung: Stefan Giertzsch, Berlin
Redaktion: Dorothee Weylandt, Berlin
Reihengestaltung: tiff.any GmbH, Berlin
Satz und Layout: Carola Fuchs, Dagmar & Torsten Lemme, Berlin
Illustrationen: Popeia Herzog, Berlin
Umschlagentwurf: Patricia Müller, Berlin
Druck und Bindearbeiten: orthdruk, Bialystok, Polen
Printed in Poland
ISBN 978-3-589-22655-9

Gedruckt auf säurefreiem Papier,
umweltschonend hergestellt aus chlorfrei gebleichten Faserstoffen.

Liebe Schülerin, lieber Schüler,

dieser Band der Reihe „Besser in Deutsch" hilft dir, deine Kenntnisse im Fach Deutsch zu verbessern. Du kannst gezielt Stoff nachholen und wiederholen, um sicherer zu werden! Zu allen Bereichen des Deutschunterrichts sind kleine Aufgaben angeboten, mit denen du selbstständig arbeiten kannst.
Die Schwerpunkte sind:

- **Texte schreiben**
  Aufsätze verfassen
- **Texte lesen und verstehen**
  Textverstehen, Textanalyse
- **Sprache kennenlernen**
  Grammatik
- **Richtig schreiben**
  Zeichensetzung und Rechtschreibung

Die Texte und die Aufgaben in diesem Buch sind so ausgewählt und zusammengestellt, dass dir die Bearbeitung möglichst leichtfällt.

Tipps

- Das Buch enthält viele Erklärungen und Übungen dazu. Arbeite sie durch und vergleiche deine Antworten mit den Lösungen im Lösungsheft. Verbessere Fehler.
- Bei einigen Übungen kannst du Stichworte oder Kreuzchen im Buch selbst machen. Nimm dazu am besten einen Bleistift, dann kannst du Fehler leichter ausbessern.
- Für andere Übungen (z. B. kleine Texte) brauchst du mehr Platz. Lege dir ein **eigenes Arbeitsheft** zu, in das du schreibst.
- Am Ende eines jeden Kapitels kannst du in einem kleinen Test überprüfen, ob du den Stoff nun beherrschst.

Viel Spaß und Erfolg beim Lernen!

Das musst du am Ende der 5. Klasse können:

- ▷ Den standardisierten Aufbau eines Briefes kennen.
- ▷ Einen persönlichen Brief schreiben
- ▷ Adressaten- und situationsbezogen schreiben
- ▷ Beschreiben
- ▷ Texte auf ein Schreibziel hin planen (Inhalte sammeln und gliedern)
- ▷ Schreibziele selbst setzen
- ▷ Spannungssteigernde Elemente in Erzählungen einsetzen
- ▷ Texte nacherzählen
- ▷ Texte überarbeiten

1.1 Einen privaten Brief verfassen

Erinnere dich

Briefe werden von einem Absender auf einem Blatt Papier geschrieben, um jemandem, dem Empfänger, etwas mitzuteilen.

Private und offizielle Briefe

Briefe sind mehr oder weniger ausführliche schriftliche Mitteilungen. Sie unterliegen dem **Post- oder Briefgeheimnis,** welches dem Absender garantiert, dass kein Briefträger oder Postangestellter den Inhalt des Briefes liest.

Die beiden für dich wichtigsten Formen des Briefes sind:

- ▶ **der private Brief:** Mitteilungen von einer Privatperson zur anderen *(Freundschaftsbriefe, Einladungen, Dankesbriefe, ...)*

- **der offizielle Brief:** Sachliche Briefe von einer Privatperson an eine Institution oder an ein Unternehmen *(Leserbriefe, Beschwerden, wichtige Mitteilungen, ...)*

Daneben gibt es noch **Geschäftsbriefe** zwischen Firmen, Behörden oder Ämtern und sogenannte **Werbebriefe,** die für den Kauf eines Produktes in den Haushalten Interesse wecken wollen.

Der private Brief

Texel, 25. Juli 2008 — 1

2 — *Hallo, Tom,*

wie geht es dir? Mir geht es hier in Holland richtig gut. Seit einer Woche bin ich zusammen mit 19 anderen Jungs im Feriencamp auf der Insel Texel. Wir haben viel Spaß miteinander, gehen mit den Rädern auf große Fahrt oder kicken am breiten Sandstrand. Nebenan findet ein Mädchenzeltlager statt. Zuerst dachten wir alle, dass das ganz schön öde wird. Stell dir vor, mit Mädchen als Zeltnachbarn! Oh no! Aber es ist doch gar nicht so langweilig und ein paar von den Mädchen können sogar richtig gut Fußball spielen. — 3

Gestern haben wir einen Schnuppersegelkurs besucht. Du hattest recht, Segeln ist wirklich prima. Wie heißt noch mal dein Segelverein am Bodensee? Meinst du, ich könnte in deinem Verein einen Anfängerkurs machen? Dann könnten wir bald zusammen in See stechen – das wäre doch spitze! Schaust du mal nach den Anmeldeunterlagen? Lass was von dir hören!

4 — *Bis bald und viele Grüße aus Holland!*

5 — *Dein Micha*

PS: Wie war denn euer Urlaub am Mittelmeer? — 6

Einen privaten Brief schreiben

Bei einem **privaten Brief** ist eigentlich alles erlaubt, was gefällt. Trotzdem ist es sinnvoll, beim Aufbau ein paar Regeln zu beachten:

Die sechs Bausteine eines privaten Briefes:

Ort und Datum :	Wo und wann?
Anrede:	Wer wird angesprochen?
Brieftext:	Was wird berichtet?
Grußformel:	Wie verabschiedet man sich?
Unterschrift:	Wer hat geschrieben?
PS: (kann auftauchen)	Was man noch sagen wollte

In privaten Briefen wirst du deinen Briefpartner mit „du“ ansprechen. Alle Anredepronomen, wie z. B. **du, dir, dich, dein, euer, euch ...,** werden kleingeschrieben.
Sprichst du deinen Briefpartner mit „Sie“ an, musst du alle Anredepronomen wie *Sie, Ihnen, Ihre, Ihr* groß schreiben.
Dies macht man zum einen aus Höflichkeit, zum anderen, um die Anredepronomen von Personal- und Possesivpronomen zu unterscheiden.

Nach der **Grußformel** folgt meist ein Komma – dann wird klein weitergeschrieben. Manchmal kann aber auch ein Ausrufezeichen gesetzt werden – dann beginnt der Brieftext groß.

Der Brieftext selbst ist ein „schriftliches Gespräch“.

- In der kurzen **Einleitung** geht man auf den Empfänger ein und spricht ihn persönlich an. *(Wie geht es dir?)*
- Im **Hauptteil** schreibt man meist Erlebnisse oder Neuigkeiten, die den Empfänger interessieren könnten, oder beschreibt seine Gedanken und Gefühle. Oft wird hier der Adressat noch einmal angesprochen.
- Am **Schluss** spricht man den Empfänger noch einmal gezielt an, schickt Grüße und ermuntert ihn zurückzuschreiben.

1 Ordne die sechs Bausteine eines privaten Briefes den Zahlen in Toms Brief richtig zu.

2 Unterstreiche in Toms Brief die Einleitung innerhalb des Brieftextes rot, den Hauptteil gelb und den Schluss grün.

3 Kreise in Toms Brief alle Anredepronomen ein.

4 Lege eine Tabelle an und sortiere die Begriffe nach Anrede und Grußformel. Schreibe in dein Heft.

Anrede	Grußformel

Herzlichst

Alles Liebe

Auf bald

Liebste Maria

Lieber Onkel Fritz

Hi, Anna

Hallo, Paul

Sei herzlich gegrüßt

Tschüs

Liebe Grüße

ciao

Guten Morgen, meine Liebe!

Gruß und Kuss

Ciao, dein Freund Mario

5 Stell dir vor, du bist Tom. Schreibe Micha zurück und gehe dabei auf Michas Fragen ein. Berichte von deinem Urlaub und gib ihm die Informationen über den Segelverein. Beachte dabei alle Bausteine des privaten Briefes.

6 Schreib doch mal wieder einen Brief, z. B. an deine Großeltern oder jemand anderen, der sich über deine Post freut.

Beschriftung des Briefumschlags

Und so beschriftest du deinen **Briefumschlag (Kuvert)** richtig:

Briefmarke

Abs.
Absender mit Vor- und Nachname
Straße und Hausnummer
Postleitzahl und Ort

An
Empfänger-Anschrift
mit Vor- und Nachname
bzw. Firmenname
Straße und Hausnummer
bzw. Postfach
Postleitzahl und Ort

1.2 Beschreiben

Beschreibungen

Beschreibungen begegnen dir überall. Oft beschreiben wir anderen Personen etwas mündlich, z. B. den Weg zur Bücherei oder ein Geschenk, das wir zum Geburtstag bekommen haben.

Aber es gibt auch schriftliche Beschreibungen, z. B. die Beschreibung eines Spiels, eines Rezeptes oder einer Bastel-/Bedienungsanleitung. Hier muss man ganz genau formulieren, damit der Leser versteht, was gemeint ist.

Im Folgenden lernst du eine bestimmte Form der Beschreibung kennen:

Die Tierbeschreibung

Tierheim Sonnenhof

1 **Tina beschreibt dir am Telefon ihr Kaninchen, das sie sich zum Geburtstag im Tierheim aussuchen durfte.**
Welches Kaninchen ist Tinas?

Mein Kaninchen hat ein wunderschön glänzendes, seidig weiches, graues Fell mit vereinzelten schwarzen Flecken. Überall an seinem rundlichen Körper sind die Haare ganz lang, außer an den breiten Vorderpfoten. Hier sind sie kurz. Wegen der langen Haare bekommt man seine tiefschwarzen Kulleraugen fast nie zu Gesicht. Auch die langen, dünnen Ohren sind fast ganz in seinem wuscheligen Fell versteckt. Nur die Ohrenspitzen sind zu sehen. Auffällig an meinem Liebling sind sein putziges schneeweißes Näschen und seine unglaublich langen Tasthaare an der Schnauze.

Abwechslungsreich schreiben (1)

Um gut, anschaulich und auch verständlich zu beschreiben, musst du **treffende Adjektive** einsetzen. Mit ihrer Hilfe kannst du das Aussehen und die Eigenschaften ganz genau beschreiben.

2 **Finde alle Adjektive in Tinas Beschreibung heraus.**

Du beschließt, auch ein Kaninchen aus dem Tierheim nach Hause zu holen. Zusammen mit deinen Eltern machst du dich am Sonntag auf ins Tierheim „Sonnenhof".

3 **Suche dir eines der anderen drei Kaninchen aus und sammle in Form einer Mindmap passende Adjektive dazu.**

- Fell
- Ohren,
- Augen,
- Schwänzchen

(Länge, Farbe, Beschaffenheit, ...)

- Pfoten
- Krallen
- Tasthaare

(Größe, Form, Farbe, Behaarung, ...)

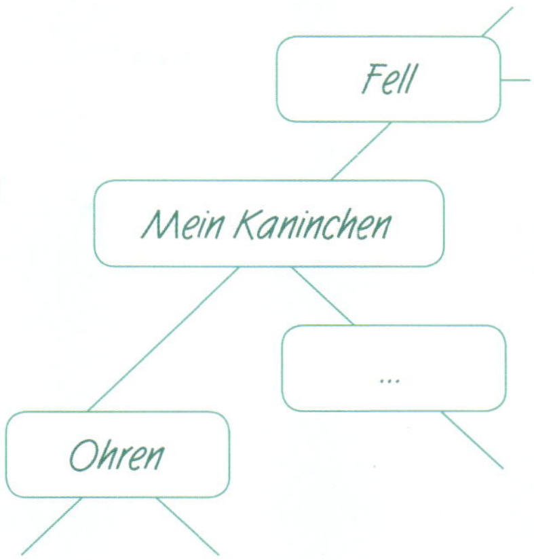

Die Tierbeschreibung

Zu einer guten Tierbeschreibung gehört nicht nur die Beschreibung des Aussehens, sondern auch die Beschreibung z. B. des **Lebensraumes,** des **Verhaltens,** der **Nahrung** oder bei Haustieren der **Haltung und Pflege** usw. Du kennst solche Beschreibungen bestimmt aus Tierbüchern.

Die Pflegerin im Tierheim ist sehr freundlich und du erfährst Näheres über dein Kaninchen und die richtige Haltung.
Damit du nichts vergisst, machst du dir **Notizen.**

NOTIZEN

→ Toffi, Weibchen, 1 1/2 Jahre
→ hatte schon einmal vier Junge
→ frisst morgens Trockenfutter (aber wenig)
→ viel Heu und frisches Wasser
→ Grünfutter (Löwenzahn, Möhren, Sellerie, ...)
→ Fell/Krallen müssen gepflegt werden
→ großer Käfig
→ Bewegung: Freilauf im Garten
→ seit 3 Monaten im Tierheim
→ Einstreu aus Stroh und Holzspänen
→ regelmäßige Kontrolle von Krallen/Zähnen/Augen
→ Impfungen (Tierarzt)
→ etwas ängstlich, aber verspielt
→ knabbert manchmal etwas an
→ Abwechslung (Spielzeug, Röhren, Sandkiste)

4 **Unterstreiche auf dem Notizzettel die Informationen zu**

- ▷ dem Kaninchen rot
- ▷ der Nahrung blau
- ▷ der Haltung/Pflege grün.

5 **Am nächsten Tag beschreibst du Tina ausführlich dein Kaninchen. Nimm dir deine Adjektivsammlung von Übung 3 sowie den Notizzettel und verfasse eine eigene Tierbeschreibung.**

Beachte dabei folgende Reihenfolge:
Name – Aussehen/Wichtiges über das Kaninchen – Nahrung – Haltung/Pflege

Damit es dir leichter fällt, ist hier ein Anfang vorgegeben. Du darfst aber auch anders beginnen.

Seit gestern habe ich auch ein Zwergkaninchen zu Hause. Es ist ein Weibchen und hört auf den Namen „Toffi". „Toffi" ist 1 1/2 Jahre alt, war seit 3 Monaten im Tierheim und hat …

1.3 Erzählen

Erinnere dich

Erzählen ist eine besondere Art des Sprechens. Man kann auf unterschiedliche Weise und in unterschiedlichen Situationen erzählen.

„Du, Marie, ich muss dir unbedingt was erzählen!“, Gretas Stimme überschlägt sich fast am Telefon: „Weißt du, ich bin gestern auf einem Elefanten geritten! Das war toll! Wir waren im Zoo und dort habe ich bei einem Preisrätsel den ersten Platz gewonnen – erst hab ich ja Angst gehabt, aber dann …“

„Weißt du, früher war das ja ganz anders in der Schule“, erinnert sich der Großvater: „Wir mussten uns in Zweierreihen nach den Pausen vor dem Schultor aufstellen, wir mussten aufstehen, wenn der Lehrer hereinkam, es gab Strafarbeiten und wir mussten oft nachsitzen. Ich weiß noch, wie ich mal fast die ganze Schulstunde, ich glaube, es war eine Erdkundestunde bei Herrn Lamprecht, vorn in der Ecke neben dem Kartenständer stehen musste – daher kenne ich heute noch viele Küstenorte an der Ostsee besonders gut! Das war, glaube ich, weil ich mit dem Banknachbarn geschwatzt hatte, und das war ja streng verboten …“

In diesen beiden Situationen wird ganz anders gesprochen als z. B. bei einem Zeugenbericht auf dem Polizeirevier. Es handelt sich hier um **Erzählen,** etwas, das uns häufig ganz leicht fällt. Erzählen, so meint man, kann jeder.

1 Wenn du diese Erzähltexte und einen Bericht vergleichst, erkennst du schnell die Unterschiede.

1. Ein Bericht ist knapp, eine Erzählung ist
2. Ein Bericht beschränkt sich auf das Wesentliche, die Erzählung dagegen enthält auch
3. Ein Bericht ist sachlich, die Erzählung ist
4. Sind dir noch weitere Unterschiede aufgefallen? Nenne sie.

Die Erzählung

Erzählen kann man **mündlich** oder aber auch **schriftlich.**
Man erzählt z. B. Witze, Märchen, Erlebnisse und Abenteuer.
Erzählungen können entweder **tatsächlich passiert** oder aber **frei erfunden** sein. In ihnen steckt oft viel Fantasie und Spannung, um die Aufmerksamkeit des Zuhörers/Lesers zu gewinnen.

In der Schule passiert es dir häufig, dass du z. B. zu einem oder mehreren **Bildern/Vorlagen,** einer **Überschrift/Thema,** vorgegebenen **Wörtern** oder einem vorgegebenen **Anfang/Schluss** einen **Aufsatz** schreiben musst. Manchmal kannst du auch **frei erzählen,** ohne dass ein Thema vorgegeben ist.

Ganz gleich was von dir verlangt wird, **Erzählungen** sind immer nach dem gleichen Muster aufgebaut.

Aufbau: Es muss ein **Spannungsbogen** enthalten sein, der sich durch **Einleitung, Hauptteil** und **Schluss** hindurchzieht.

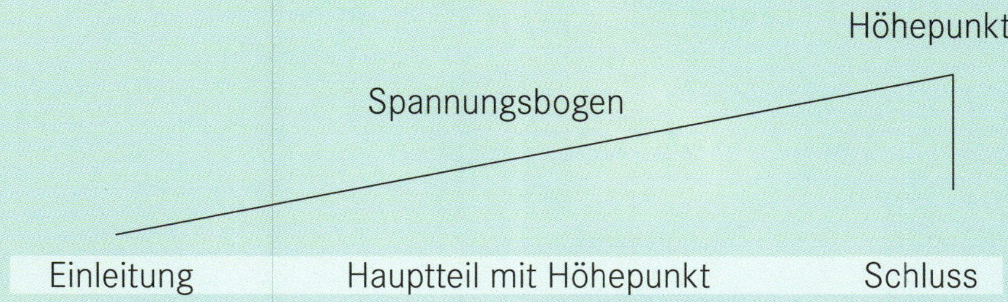

Dabei ist die **Einleitung** recht kurz und **führt ins Geschehen** ein. (siehe Seite 20)

Im **Hauptteil** wird langsam auf einen **Höhepunkt** hingeschrieben, der Leser wird neugierig und oft kommt ein wenig „Nervenkitzel“ auf. Ganz plötzlich, kurz nach dem Höhepunkt, löst sich diese Spannung.

Der **Schluss** ist wiederum kurz und der Schreiber gibt oft einen **Aus- oder Rückblick** oder rundet seine Erzählung mit einer **Schlusspointe** ab.

Zeitform: Präteritum (Vergangenheit), z. B. *ich ging, er sah, sie lief, ...*

Perspektive:

- Ich/Wir-Form: *z. B. Am Wochenende war ich ...*
- aus der Sicht eines „Zuschauers“: z. B. *Am Wochenende war Familie Müller ...*

Überschrift: Wähle eine Überschrift, die nicht zu viel verrät, aber trotzdem neugierig macht.

Wichtig ist ebenso, dass du ausführlich, lebendig und anschaulich schreibst.

TIPPs hierfür bekommst du auf Seite 22.

2 Übe zunächst einmal, eine Erzählung nach einer Vorlage (Bildern) zu schreiben.

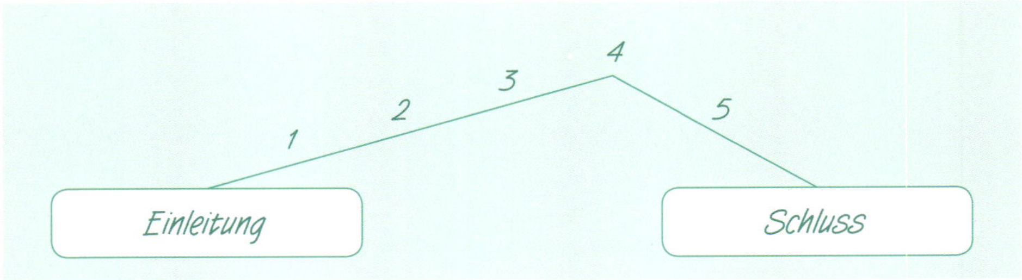

1. Hier siehst du die Bilder einer Bildergeschichte aus der Reihe „Vater und Sohn“ von e. o. plauen.
   Welche Reihenfolge ist die richtige?
   Ordne die Bilder den Platzhaltern 1 - 5 neben dem Spannungsbogen zu.
   Welches Bild zeigt den Höhepunkt? Umrande es gelb.

© Südverlag

© Südverlag

2. Überlege dir zu jedem Bild einen passenden „Untertitel".
   Beispiel zu Bild 1:
   Die Suche nach dem Weihnachtsbaum
3. Um ausführlich zu schreiben, ist es hilfreich, sich bereits vor dem eigentlichen Anfertigen des Aufsatzes Gedanken und Notizen zum Inhalt zu machen.
   Ordne die Aussagen den Bildern 1 - 5 zu. Schreibe dazu die Nummer in die Kästchen.

Der Vater hält zur Feier eine Festtagsrede.
Der Vater fällt am Waldrand den Tannenbaum.
Der Tannenbaum ist festlich geschmückt.
Der Sohn streut Futter aus.
Vater und Sohn gehen zufrieden Hand in Hand.
Ein prächtiger Tannenbaum.
Beide sind verwundert und überrascht, als sie sich umdrehen.
Der Sohn streut noch mehr Futter auf den Schnee.
Vater und Sohn überlegen, was sie machen sollen.
Fest verschnürt trägt Vater den Baum.
Der Förster erteilt die Erlaubnis zum Fällen eines Baumes.
Vater und Sohn kommen zu Hause an.
Vater und Sohn sind überglücklich an der Festtafel.

4. Die Aussagen in Aufgabe 3 sind unvollständig. Es fehlen Sätze über die Tiere. Überlege dir zu jedem Bild ein bis zwei treffende Aussagen und notiere sie. Beispiel zu Bild 1: *Ein Häschen wird angelockt.*

5. Beantworte jetzt, ohne die Bilder der Geschichte zu betrachten, folgende Fragen aus dem Gedächtnis:

   a) Wie viele Personen kommen in der Geschichte vor?
   b) Wo spielt die Geschichte?
   c) Wann spielt die Geschichte?
   d) Was tut der Vater? In welcher Reihenfolge tut er es?
   e) Was tut der Sohn? In welcher Reihenfolge tut er es?
   f) Was machen die Tiere? Warum machen sie es?

6. Kreuze an, welche Überschriften am besten gelungen sind.

   - ☐ Ein Weihnachtsfest mit Tieren
   - ☐ Winterausflug der Tiere
   - ☐ Weihnachten mal anders
   - ☐ Waldtiere in der Wohnung
   - ☐ Heiligabend mit besonderen Gästen
   - ☐ Tiere bei uns zu Gast

Die Einleitung und der Schluss

Einleitung und Schluss

Die **Einleitung** ist in allen Erzählungen recht kurz. Durch sie wird der Leser oder Zuhörer sozusagen „ins Bild gebracht". Sie führt in die Situation ein und liefert die ersten wichtigen Informationen über:

- die **Personen** (**Wer** spielt mit?)
- die **Zeit** (**Wann** fand es statt?)
- den **Ort** (**Wo** fand es statt?)
- das **vorangegangene Geschehen** (**Was** passierte?)

Der **Schluss** ist noch kürzer als die Einleitung. Oft besteht er nur aus einem **rückblickenden oder vorausschauenden Satz** (Wie ging es weiter?).

Beispiel: *So etwas habe ich in meinem Leben noch nicht erlebt*
Am nächsten Morgen konnten wir nur darüber lachen.

Manchmal kann auch eine **Schlusspointe** den Abschluss bilden.

Beispiel:

Vater lachte herzlich und zeigte mir seine neue LED-Taschenlampe, die er letzte Nacht ausprobiert hatte. Das war also „mein" Ufo, das ich vom Bett aus am Himmel gesehen hatte.

1 **Die Einleitung und der Schluss sind nicht auf den Bildern der Bildergeschichte zu sehen. Mache dir Gedanken, was davor bzw. danach geschehen sein könnte, und notiere in wenigen Stichpunkten.**

2 **Überlege dir zur Vater-und-Sohn-Geschichte eine eigene Einleitung, die alle vier wichtigen Fragen (Wer, Wann, Wo, Was?) beantwortet.**

Im Hauptteil lebendig und spannend erzählen

Erinnere dich

Erzählungen dienen in erster Linie der Unterhaltung. Sie sollen interessant und spannend sein und den Zuhörer/Leser ins Geschehen hineinziehen. Dies erreichst du mit verschiedenen sprachlichen Mitteln.

„… und dann sangen wir ein Lied, das wir selbst getextet hatten und dann hielt der Bürgermeister noch eine Ansprache und dann kam auch noch ein Elternvertreter, anschließend wurden Bilder von der Klassenfahrt gezeigt, und dann redete die Schulleiterin und dann wurden wir verabschiedet. Erst wurde aber noch ein Abschiedsfoto gemacht und dann ging ich mit Mama nach Hause."

„Der Moderator begrüßte uns. Er erklärte die Sendung. Er fragte, wer aus unserer Klasse an dem Wettspiel teilnehmen wolle. Einige meldeten sich. Er suchte drei Mädchen und drei Jungen aus und bat sie, Platz zu nehmen. Er fing sofort an Fragen zu stellen. Er war eigentlich ganz nett …"

Schreibst du auch so? Vielleicht sind die Beispieltexte etwas übertrieben, denn fast alle Sätze sind einschläfernd gleichmäßig aufgebaut: *und dann, und dann, und dann, …* oder *Subjekt, Prädikat, Objekt; Subjekt, Prädikat, Objekt; …*

Dazu beginnen die meisten Sätze des zweiten Textes auch noch mit dem Personalpronomen „er".

Ein gelungener Text, der die Aufmerksamkeit von Zuhörern und Lesern gewinnen will, ist abwechslungsreich gestaltet.

Abwechslungsreich schreiben (2)

Sprachliche Mittel, die eine Erzählung lebendig und anschaulich machen und zum Lesen einladen:

- abwechslungsreiche **Wortwahl,** vor allem bei Satzanfängen, Verben und den Bezeichnungen für häufig vorkommende Personen
- genaue und bildhafte **Beschreibungen** für Personen, Orte und Gefühle mit passenden Adjektiven
- **Ausdrücke, die** die **Spannung** zum Höhepunkt hin **aufbauen** (z. B. Ausrufe oder Fragen einfügen)
- ein **abwechslungsreicher Satzbau**
- **logisch miteinander verbundene Sätze**

1 **In dieser Wörtersammlung findest du verschiedene kleine Wörter als Satzanfänge sowie Verben, Adjektive und Adverbien für eine gruselige Geschichte.**

auf einmal *klopfen* *atemlos* *schaudern* *doch* *erschrocken*
näherkommen *tasten* *heruntergekommen* *ängstlich* *knistern*
hastig *dann* *flüstern* *mutig* *nach endlos langer Zeit*
sofort *in diesem Augenblick* *erstarren* *leise* *alt* *pochen*
glitschig *mit einem Mal* *balancieren* *zischen* *trotzdem*
zittern *atmen* *endlich* *kaum* *irren* *eklig* *schaurig*
tapfer *dort* *merkwürdig* *verwittert* *öffnen* *hören*
schwitzen *suchen* *rascheln* *zitternd* *ratlos* *unheimlich*
plötzlich *frieren* *hilflos* *dunkel* *brüchig* *allein*

Ordne die Begriffe den richtigen Spalten der Tabelle zu. Die Spalte „Nomen“ bleibt dabei vorerst frei.

Satzanfänge	Verben	Adjektive	Nomen
dort	rascheln	ratlos	

2 **Lasse nun deine Fantasie spielen und denke dir eine spannende Geschichte aus.**

1. Fülle die letzte Spalte mit Nomen, die zu deiner Geschichte passen.
2. Schreibe deine Geschichte auf und verwende dabei möglichst viele Wörter aus der Tabelle.
3. Suche eine geeignete Überschrift.

Tipp

Mithilfe **treffender Adjektive** kannst du das Aussehen und Verhalten von Personen, Tieren und Gegenständen, aber auch Gefühle anschaulicher beschreiben und deine Geschichte so lebendiger machen.

3 Setze jeweils zwei oder drei passende Adjektive ein. Achte dabei auf die Endungen.

alt
hübsch
kurz
dunkelblau
fettig
auffällig
untersetzt
ärmellos
dunkel
lustig
geblümt
laut
schneeweiß
strähnig
lockig
drahtig
sportlich
groß
liebevoll
elegant
klein
dicklich
abgenutzt
undurchdringlich

das	*alte, abgenutzte*	Sofa
die		Haare
der		Blick
die		Figur
der		Mann
das		Fahrrad
das		Hemd
das		Geschrei
der		Wald

Tipp

Vermeide Wiederholungen, indem du unterschiedliche Satzmuster und -strukturen verwendest.

4 **Stelle die einzelnen Sätze, die alle eintönig gebildet sind (Subjekt, Prädikat, Objekt), um. Beginne einmal mit dem Prädikat, einmal mit der adverbialen Bestimmung der Zeit, oder verbinde zwei Sätze miteinander.**

1. Wir haben uns gestern in der Schule zu einem Klassenfestnachmittag getroffen.
2. Die Eltern hatten die Getränke besorgt.
3. Die Klassensprecher hatten Spiele vorbereitet.
4. Unser Klassenlehrer hat zuerst den Klassenausflug besprochen.
5. Wir haben uns dann über den Kuchen hergemacht.
6. Wir haben dann das weitere Programm besprochen.
7. Die Jungen wollten in die Sporthalle.
8. Die Mädchen wollten das Klassenzimmer verschönern.

Tipp

Verwende **treffende Verben.** Wenn du für die häufig gebrauchten Wörter „gehen“ und „sagen“ genauere Ausdrücke findest, wird deine Geschichte ganz automatisch abwechslungsreicher.

5 **Ergänze die Sätze mit treffenderen Verben aus dem Wortfeld „sagen“.**

1. „Psst!“ ________ Timo, als er unseren Lehrer um die Ecke biegen sah, und versteckte sich.

2. Der Hausmeister ______ : „Wer macht denn hier wieder so einen Lärm?“
3. „Zu Hilfe“, ______ Frau Maier und rettete sich vor der Maus auf einen Stuhl.
4. „Tri, tra, trallala“, ______ ich gut gelaunt.
5. „Das ist ja eine schöne Bescherung!“, ______ Mama, als sie das Chaos entdeckte.

6 Ergänze die Sätze mit treffenderen Verben aus dem Wortfeld „gehen“.

1. Mit meinen Winterstiefeln ______ ich mühsam durch den tiefen Schnee.
2. Hannes ______ schnell wie der Blitz auf und davon.
3. Vorsichtig ______ ich auf dem schmalen Balken.
4. Die Katze ______ auf leisen Pfoten durch das Gebüsch.
5. Gemächlich ______ ich die Straße entlang.

7 Suche möglichst viele weitere Wörter aus den Wortfeldern „sagen“ und „gehen“.

Tipp

Verbinde die einzelnen Sätze logisch und stelle Zusammenhänge her. Ein gut gemachter Text reiht die Sätze nicht einfach aneinander, sondern verbindet sie mithilfe von Konjunktionen *(als, weil, deshalb, obwohl, aber, nachdem, trotzdem, ...).*

8 **Verbinde die folgenden Satzteile zu unterschiedlichen Satzkonstruktionen.**

Beispiel:
„Text fertig – falsches Thema"; mögliche Lösung: Nachdem ich den Text fertiggeschrieben hatte, merkte ich, dass ich das falsche Thema genommen hatte.

1. Ballspiel	Deckenlampe kaputt
2. gründlich geübt	viele Fehler
3. schlecht geschlafen	unkonzentriert
4. Mädchen mitspielen	Fußballspiel
5. gut gelesen	Fehler gemacht
6. den letzten Satz	Gong
7. alle arbeiten	Lehrer liest Zeitung
8. dauernd stören	anderer Platz

9 **Setze ein: indem – dass – als – während – weil – obwohl**

1. In dem Moment, ________ ich die Haustür hinter mir zuzog, fing es an zu regnen.
2. Ich beeilte mich, ________ ich spät dran war.
3. ________ es erst vier Uhr war, wurde es bereits dunkel.
4. Ich schützte mich vor dem Regen, ________ ich dicht an den Hauswänden entlanglief.

5. ______ an der Ampel wartete, überquerten viele Passanten bei Rot den Fußgängerüberweg.

6. Ich hatte mich so beeilt, ______ ich völlig außer Puste war.

Tipp

Baue **Ausrufe, Fragen** und die **wörtliche Rede** in deine Erzählung ein.

10 **Setze die Ausrufe, Fragen und die wörtliche Rede an den passenden Stellen der Erzählung ein. Schreibe die vollständige Geschichte auf.**

So müde war ich noch!

Was war das denn?

Mist! Wo hatte ich gestern nur den zweiten Socken hingeworfen?

„Aufstehen, mein Sohn!", rief sie gut gelaunt.

Natürlich völlig zerfetzt!

„Was ist denn, mein Schatz"?, flötete Mama

Ein ganz alltäglicher Morgen?

Als mich meine Mutter am Montag weckte, hätte ich mir am liebsten die Decke über den Kopf gezogen und wäre im Bett geblieben. ______

______

Aber Mama war unerbittlich. ______

______

Schlaftrunken stolperte ich in Richtung Bad und klatschte mir kaltes Wasser ins Gesicht. Geistesabwesend zog ich mir in meinem Zimmer den Pullover und die Hose an.

Ich krabbelte unter mein Bett, sah aber nichts außer dicken Staubflocken. Da fiel mein Blick auf Hassos Körbchen, wo zwischen Bällen, Schweinsohren und einem Gummiknochen mein Socken hervorlugte.

„Mama!“, brüllte ich empört.

und konnte sich ein Grinsen nicht verkneifen. In diesem Moment sah ich auf meinen Wecker.

Fünf Uhr dreißig! Mama strahlte mich an und sagte: „April, April!“

Test

1 Werden in diesen Sätzen aus Briefen die Pronomen groß- oder kleingeschrieben?

1. Anbei wünsche ich ☐hnen gute Erholung in der Kur.
2. Wie waren ☐ure Projekttage in der Klasse?
3. Lieber Klaus, mit dieser Karte möchte ich ☐ich zu meiner Theateraufführung einladen.
4. Maike hat neue Hamster bekommen. Ich habe ☐ie gestern angeschaut.
5. Das Radio, welches ich vergangene Woche bei ☐hnen erworben habe, ist defekt. Besteht ☐hr Angebot eines Umtauschs noch?
6. Könnten ☐ie sich bitte telefonisch mit mir in Verbindung setzen?
7. Ich verbiete meinen Kindern, dass ☐ie in Zukunft bei ☐hnen den Garten betreten.

2 Du möchtest deinen Hund näher beschreiben. Sammle passende Adjektive dafür.

3 Der folgende Text ist eine Erlebniserzählung.

1. Lies ihn dir durch und teile ihn in Einleitung, Hauptteil und Schluss ein.
2. Unterstreiche den Höhepunkt grün.
3. Markiere einige Elemente, die die Spannung steigern und die Erzählung lebendig machen, rot.

Der Zeltplatzschreck

Vergangenes Wochenende war herrlichstes Wetter. Mein Bruder Lasse und ich schnappten unser Zelt und ließen uns von Papa auf den kleinen Zeltplatz am See fahren. Da es noch früh im Jahr war, waren wir die einzigen Camper, die die erste warme Frühsommernacht im Freien verbringen wollten. Der Platzwart ließ uns freie Wahl, an welcher Stelle wir unser Igluzelt aufschlagen wollten. Wir suchten uns einen sonnigen Platz ganz in der Nähe des kleinen Badestrandes aus und verbrachten den Nachmittag mit Lesen und Federballspielen. Lasse traute sich sogar ins Wasser. Ich nicht, mir war das viel zu kalt. Gegen Abend kam der Platzwart und teilte uns mit, dass er jetzt seinen Kiosk schließen würde. Für den Notfall zeigte er uns hinter der Bude ein Münztelefon, an das er seine Telefonnummer heftete. Hier sollten wir anrufen, falls wir in der Nacht Hilfe benötigten. Mir war nicht ganz wohl zumute, als wir abends vor unserem Lagerfeuer saßen und unsere Würstchen aßen. Ganz allein auf einem Zeltplatz! Langsam schoben sich dunkle Wolken vor die Abendsonne und der auffrischende Wind peitschte schon die Wellen ans Ufer. Gegen halb neun Uhr war es bereits ungewöhnlich dunkel. Mit der Taschenlampe bewaffnet, stapften wir gemeinsam zum Waschhäuschen. Igitt – es kam nur eiskaltes Wasser. Aber wahre Camper kennen keinen Schmerz und so stellten wir uns zähneklappernd unter die Dusche. War ich froh, als wir endlich in unseren warmen Schlafsäcken lagen! Draußen braute sich ein Gewitter zusammen. Die ersten Tropfen fielen mit lautem „Pong“ auf unser Zeltdach und ohne Lampe sah man seine Hand nicht mehr vor Augen. Der Wind wurde stärker und stärker und heulte mit lauten „Hui“ zwischen den Bäumen.

Äste knackten und Tannenzapfen prasselten auf die Erde. Ich rutschte ganz tief in meinen Schlafsack. Auf einmal hörten wir ein seltsames Geräusch. Ich zuckte zusammen. „Was war das?“, fragte ich mit zitternder Stimme meinen Bruder. Doch Lasse lag mit weit aufgerissenen Augen in seinem Schlafsack und starrte auf das Fußende. Ganz langsam näherte sich auf Bodenhöhe ein rötlich leuchtendes Licht. Dumpfes Pochen, Schmatzen und Rascheln begleiteten das immer größer werdende Leuchten. Mir lief es eiskalt den Rücken hinab. Schweiß stand mir auf der Stirn und ich zog die Kapuze meines Schlafsackes fast ganz zu. Urplötzlich hörte das Geräusch auf, doch das Licht war stärker als je zuvor, aber es bewegte sich nicht mehr. Doch da - „ratsch“ - der Reißverschluss unseres Zeltes wurde aufgezogen. „Nein!“, dachte ich. Eine Hand schob sich vorsichtig herein und bekam mich am Fuß zu fassen. Ich schrie und richtete mich kreidebleich auf. Herein schaute der besorgte Platzwart. „Alles in Ordnung bei euch? Euer Zelt steht etwas schief da und zwei Heringe haben sich schon gelöst.“ Fassungslos starrten wir ihn an. Er erzählte, dass er uns, nachdem das Gewitter aufgezogen war, doch nicht allein lassen wollte und die Nacht im Kiosk verbringen würde. Dann wünschte er uns noch eine erholsame Nacht und stapfte mit seiner roten Sturmlaterne zurück zum Kiosk. Wir schliefen trotz Sturm wie die Murmeltiere und verbrachten noch den ganzen nächsten Tag zusammen mit Willi, dem Platzwart, auf dem Zeltplatz. Am Ende versprachen wir ihm, nächstes Wochenende wiederzukommen – egal wie das Wetter sein würde.

2 TEXTE LESEN UND VERSTEHEN

Das musst du am Ende der 5. Klasse können:

- ▷ Texte zunehmend flüssig lesen
- ▷ Sicherer, schneller und genauer lesen
- ▷ Den Sinn unterschiedlicher Texte verstehen, deren Inhalt nacherzählen oder gezielt die wichtigsten Informationen wiedergeben
- ▷ Diese Informationen bewerten und nutzen
- ▷ Verschiedene Methoden der Texterschließung (unterstreichen, markieren, gliedern) kennen und sie selbstständig anwenden
- ▷ Informationsquellen wie Nachschlagewerke, die Bibliothek oder das Internet nutzen

2.1 Genaues und schnelles Lesen trainieren

Erinnere dich

Übung macht den Meister! Je sicherer und zügiger du Texte, Arbeitsanweisungen und Nachschlagewerke lesen kannst, desto leichter tust du dich in allen Unterrichtsfächern.

Tipps für das fehlerfreie Vorlesen

Lass dir Zeit! Der Blick muss schneller als die Zunge sein. Liest man zu schnell, stolpert man. Bei Fehlern nicht nervös werden, nicht schneller, sondern langsamer lesen. Fehler nicht umständlich verbessern. Lies weiter, als wäre alles in Ordnung.
Texte vorher üben, dabei schwierige Wörter und Stellen besonders berücksichtigen.

1 Lies die Wortpyramide von oben nach unten laut vor. Versuche jede Zeile mit einem Blick zu erfassen.

in
um
Hut
Haut
beim
Haus
Hütte
holen
hassen
trinken
Fenster
Mensch
Karneval
Motorrad
Fahrbahn
vierbeinig
der Metzger
Familienfest
Schwierigkeit
Eisenbahnnetz
herzerweichend
hart gekochte Eier
im 19. Jahrhundert
weißes Eisbärenfell
mit Haut und Haaren
ein uraltes Suppenhuhn
auf Biegen und Brechen
unser gelbes Gummiboot
Schwimmbadumkleidekabine
ein bunt gestreifter Blumentopf

2 **Lies die Wortreihen laut und konzentriert vor. Kreuze die fehlerlos vorgetragenen Reihen an.**

1. Radweg Radarfalle Fahrrad Fahrspur fatal fantastisch Fabel fanatisch ☐
2. Wipfel Bericht Gipfel Anpfiff Lift Riff Kipferl Griff Krippe Gericht Sicht ☐
3. Ananas aber antik anstandslos anfangs Ansage angst apart allerdings ☐
4. Zecke Zicke Ziege Weg meckern weg wecken Hecke pflegen heben ☐
5. Raute Maut Rute rufen Rabe raus draußen Haut Ratte Rettich rasch ☐

3 **Satzende suchen: Hier musst du „querlesen" und mit den Augen wspringen, um das passende Satzende schnell auszuwählen.**

Wie so oft kam mein Vater auch heute zu spät nach	vergessen.
Beim letzen Familienfest hatte ich viel zu viel	Hause.
Hans und Peter gingen in diesen Sommerferien so oft es ging ins	aus.
Natürlich hatte ich meine Hausaufgaben in Englisch mal wieder	lernen.
Weil es schon spät war, rief ich meine Mutter an, um ihr Bescheid zu	haushoch.
Obwohl wir so hart trainiert hatten, verloren wir das Handballspiel	gegessen.
Meistens ist unsere Katze sehr friedlich, doch gestern rastete sie	Haustür.
Ungewöhnlicherweise begann er schon am frühen Morgen zu	Freibad.
Bei solch einem Krach konnte ich mich unmöglich	sagen.
Gerade als ich es mir gemütlich gemacht hatte, klingelte es an der	konzentrieren.

4 Findefuchs: Finde heraus, wie oft die einzelnen Buchstabenkombinationen in der unten stehenden Wortliste vorkommen.

-hen: ____ -ung: ____ -cks: ____ -nis: ____ -heit: ____ -er: ____

stehen	Gleichung	Krankheit	Gleichnis
Untersuchung	Verzeihung	Gesundheit	Heimlichkeit
Namen	mähen	Ereignis	ziehen
Geständnis	Sicherheit	besorgnis-erregend	Gleichheit
Bedrohung	Fuchs	wehen	Klecks
schnurstracks	Rahmen	leihen	Geheimnis
verstehen	Zufriedenheit	Nistkasten	verzeihen
Rasterfahndung	Anmeldung	Muckser	Traurigkeit
Dachs	Reihen	Knicks	Renovierung
Versicherungs-schein	gedeihen	Barmherzigkeit	Verständnis

5 Augensprünge: Lies den Text laut vor. Setzte dabei an Stelle der leeren Kästen die Wörter am jeweiligen Zeilenende ein. Versuche so flüssig zu lesen, dass der Augensprung für den Zuhörer nicht wahrnehmbar ist.

Ob nachts im Schlafzimmer oder ____ im Garten:	*tagsüber*
____ können den Spaß am Sommer ganz schön	*Stechmücken*
verderben. Zwar sind ____ in der Regel nicht wei-	*Mückenstiche*
ter ____ , aber das Jucken und Brennen ist	*schlimm*
____ . Und jeder weiß: Je mehr man kratzt, desto	*unangenehm*

schlimmer wird es. Bei Insektenstichen ______ es	*gibt*
viele, ______ die helfen, etwa der	*Hausmittel*
Saft einer Zwiebel, Salzlösung oder ein frisch ______	*zerriebenes*
Blatt Spitzwegerich. Bei stärkerer ______ hel-	*Schwellung*
fen auch ______ Quarkwickel. Allerdings eignen sich	*kühlende*
diese Hausmittel ______ nicht für unterwegs. Hier hel-	*meist*
fen dann Salben, Cremes oder ein Gel aus der ______.	*Apotheke*
Auch zur ______ von Insekten gibt es dort die richtigen	*Abwehr*
Mittel, die ______ aufgetragen werden.	*vorbeugend*

2.2 Sinnentnehmendes Lesen trainieren

Erinnere dich

Profis können einen Text „überfliegen“ oder „querlesen“ und erfassen dabei die wichtigsten Inhalte.

Tipps für das sinnentnehmende Lesen

Lies aktiv und konzentriere dich. Also: Immer mitdenken! Versuche, unbekannte Wörter aus dem Zusammenhang zu erschließen. Wähle das Tempo beim leisen Lesen so, dass du den Inhalt mitbekommst.

1 Textsalat: Bei folgendem Text sind die Zeilen durcheinandergeraten.

1. Lies den Text zunächst mehrmals leise durch und versuche, möglichst rasch zur passenden weiterführenden Zeile zu springen.
2. Lies den Text nach dieser Vorbereitung laut und so flüssig vor, dass mögliche Zuhörer die Zeilenübergänge nicht mehr wahrnehmen können.

Amphibien
Lurche sind wechselwarme Tiere. Das heißt, dass ihre Körper-
kalt, sinkt auch die Körpertemperatur der Amphibien, wird es
wir zwischen Schwanzlurchen und Froschlurchen.
temperatur nicht wie bei uns Menschen immer gleich ist, sondern
verharren dort in Winterstarre. Bei den Amphibien unterscheiden
Sprungbeine ausgebildet.
von der Temperatur ihrer Umgebung abhängt. Ist es draußen
langen Schwanz. Ihre Vorder- und Hinterbeine sind gleich lang.
aktiv. Im Winter dagegen suchen die Lurche Verstecke auf und
wärmer, steigt auch ihre Temperatur an und die Tiere werden
Froschlurche dagegen haben einen kurzen, gedrungenen Körper
Schwanzlurche haben einen lang gestreckten Körper mit einem
ohne Schwanz. Ihre Hinterbeine sind meist als lange, kräftige

2 Schriftliche Spiegelbilder: Die beiden Texte sind beinahe identisch, sie unterscheiden sich in nur wenigen, einzelnen Wörtern.

1. Lies den ersten Text aufmerksam durch und decke ihn dann ab.
2. Lies danach den zweiten Text und markiere die veränderten Wörter farbig (sieben Stellen sind verändert).

Der Mensch ist das am höchsten entwickelte Lebewesen der Erde. Vermutlich entwickelte er sich zuerst in der Steppe Ostafrikas vom affenartigen Wesen zum eigentlichen Menschen. Dieser unterscheidet sich von seinen Vorfahren durch seinen aufrechten Gang, die spärliche Behaarung und das stark entwickelte Gehirn. Diese Entwicklung dauerte lange Zeit. Durch Knochen- und Werkzeugfunde konnten Forscher die Veränderungen nachvollziehen und beweisen. Sie gaben den unterschiedlich entwickelten Menschen lateinische Namen.
Unsere affenartigen Vorfahren gingen vornübergebeugt und hatten deshalb längere Arme. Sie waren stark behaart, hatten ein kleines Gehirn und einen kräftigen Kiefer, was man deutlich an der Form des Schädels erkennen kann.

Der Mensch ist das am höchsten entwickelte Lebewesen der Welt. Vermutlich entwickelte er sich zuerst in der Steppe Ostafrikas vom affenartigen Wesen zum eigentlichen Menschen. Dieser unterscheidet sich von seinen Ahnen durch seinen aufrechten Gang, die spärliche Behaarung und das große Gehirn. Diese Entwicklung dauerte Millionen von Jahren.
Durch Knochen- und Werkzeugfunde konnten Wissenschaftler die Veränderungen nachvollziehen und beweisen. Sie gaben den unterschiedlich entwickelten Menschen lateinische Namen.
Unsere affenartigen Vorfahren gingen vornübergebeugt und hatten deshalb längere Vordergliedmaßen. Sie waren stark behaart, hatten ein kleines Gehirn und kräftige Kieferknochen, was man deutlich an der Form des Schädels erkennen kann.

3 Wer sagt was?

Familie Maier verbringt den Nachmittag zu Hause. **Vater** bastelt an einem Modellflugzeug, **Leon** muss für die Schule noch einen Aufsatz schreiben, **Mutter** löst ein Kreuzworträtsel und der **Papagei Nora** gibt seine Kommentare ab. **Laura** kommt etwas später dazu, sie sucht etwas.

Hier kommt es auf genaues Lesen und gleichzeitiges Mitdenken an. Im Text unten wird nicht angegeben, wer gerade spricht. Dies kannst du nur mithilfe der Informationen von oben aus dem Zusammenhang erschließen. Setze beim lauten Vorlesen die richtigen Namen ein.

„Hat schon wieder jemand meinen superfeinen Spezialhaarpinsel genommen?", fragt ________ ärgerlich. „Schatz, den suchst du doch jedes Mal", antwortet ________ geduldig. „Du hast ihn in der Werkstatt auf das Fenstersims gelegt." – „Das kann nicht sein, da ist er nicht", schimpft ________ weiter. „Schimpf doch nicht. Sag mir lieber einen Fluss in Italien mit zwei Buchstaben", besänftigt ihn ________. – „Po. Aber wie soll ich mich denn hier nur konzentrieren?", protestiert nun ________. „Raus!", ruft ________. „Da hat der Vogel recht. Mutter und ich wollen uns unterhalten, da solltest du vielleicht besser in deinem Zimmer arbeiten", schlägt ________ vor, „was machst du überhaupt?" „Ich schreibe einen Aufsatz für die Schule", stöhnt ________. „Ausfatz!", ruft ________ dazwischen. „ Schatz", bittet ________, „wenn du deinen Pinsel holst, bring mir doch bitte mal das Lexikon aus dem Regal mit. Ich suche einen Laubbaum mit fünf Buchstaben und einem „E" am Anfang." „Mach ich sofort", sagt ________ und verlässt das Zimmer.

„Aber nun zu dir. Worüber sollst du denn schreiben?“, erkundigt sich __________ . „Über einen Sonntag im Kreise der Familie.“ – „ Verflixt noch mal, der Pinsel ist ja ganz schwarz und verklebt“, beschwert sich __________ lautstark. „Ha, ha“, meldet sich __________ zu Wort. „Hat jemand meine neue Wimpernbürste gesehen?“, fragt __________ . „Vor fünf Minuten hatte ich sie noch!“

4 Leserätsel

Lege dir Buntstifte und einen Bleistift zurecht und versuche, die Hundehütten richtig zu gestalten. Lies dazu die Anleitung gut durch. Aber Achtung, die Anweisungen stehen nicht immer in der richtigen Reihenfolge.

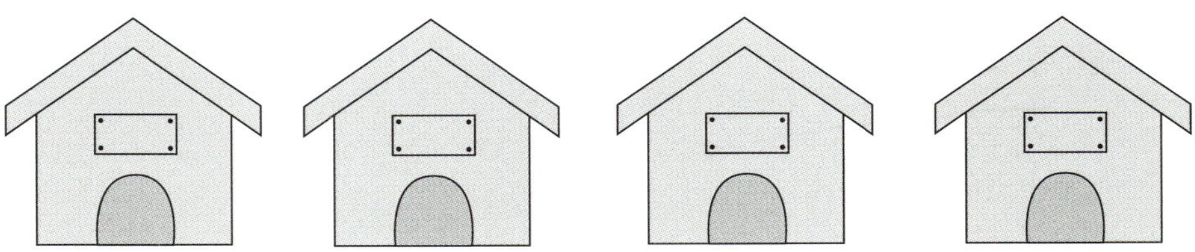

Die Hundehütte mit lila Dach steht nicht neben der gelben Hundehütte.
Die rote Hundehütte steht zwischen der blauen und grünen Hundehütte.
Die gelbe Hundehütte hat ein schwarzes Dach.
Die Hundehütte links ist grün.
Die Namen der Hunde sind Hasso, Bello, Luna und Max.
Hassos Hundehütte steht nicht am Rand.
Die Dächer der Hundehütten sind schwarz, grau, braun und lila.
Bello mag kein Gelb.
Das Dach der roten Hundehütte ist braun gestrichen.
In der Hundehütte mit dem grauen Dach wohnt Max.

2.3 Texte unter der Lupe: Methoden zur Texterfassung

Texte bestehen nicht nur aus endlos aneinandergereihten Sätzen. Sie sind in Absätze gegliedert, haben eine Überschrift und oft auch erklärende Bilder.

Bilder, Überschriften und Absätze

Auf den Seiten 43 – 44 ist ein Beispiel für einen typischen Sachtext, wie du ihn häufig in Büchern, Zeitschriften oder im Internet vorfindest.

1 Beantworte, ohne zu lesen, zunächst einmal folgende drei Fragen.

1. Wie lautet die Überschrift des Textes?
2. Stelle Vermutungen über den Inhalt des Textes an. Auf welche Fragen könnte er eine Antwort liefern?
3. Sieh dir die Bilder auf Seite 44 an. Was siehst du auf den Bildern? Kreuze an.

Bild A:
- ☐ den Sternenhimmel bei Nacht
- ☐ die Sonne um Mitternacht
- ☐ die Sonne um zwölf Uhr mittags

Bild B:
- ☐ ein Bärenfell und einen Fellanorak
- ☐ einen Teppich vor dem Kamin
- ☐ einen Webrahmen

Bild C:
- ☐ einen Schneepflug
- ☐ ein Hundegespann
- ☐ einen Motorschlitten

Bild D:
- ☐ eine Fernsehstation
- ☐ eine Forschungsstation im Schnee
- ☐ einen Funkturm in der Wüste

Bild E:
- ☐ einen Streckennetzplan
- ☐ einen Stadtplan
- ☐ eine Landkarte

Bild F:
- ☐ ein Eskimoiglu
- ☐ ein modernes Igluzelt
- ☐ eine Rundhütte aus Beton

2 **Lies dir jetzt den Text gut durch und betrachte anschließend die Bilder.**

Leben in der Arktis

Die **Inuit*** leben in den eisigen Gebieten rund um den Nordpol – der **Arktis.** Hier besiedeln sie hauptsächlich die Küstengebiete der Insel Grönland, aber auch die Küsten Alaskas oder Kanadas.

Über mehrere Jahrhunderte hinweg lebte das Volk in völligem **Einklang mit der Natur**. Sie **jagten** mit dem **Hundeschlitten** Karibus, Moschusochsen und Polarfüchse, fingen Robben und Walrosse oder gingen mit ihren **Kajaks** auf Fischfang.

Ihre Beute diente einzig und allein dem **Eigenbedarf.** Dabei wurde nichts verschwendet. Sie verwendeten das Fleisch als **Nahrung** und verteilten es an die gesamte Gemeinschaft. Jeder bekam etwas davon ab. Was sie nicht gleich verbrauchen konnten, wurde als **Vorrat** getrocknet oder in Gruben aus Eis tiefgefroren. Die dicken Felle wurden zu **Kleidung** verarbeitet. Wasserdichte Häute von Walrossen oder Robben dienten ihnen später als **Bootshüllen und Zelte** oder wurden zu Taschen zusammengenäht. Aus den Stoßzähnen fertigten sie **Speerspitzen und andere Geräte** an. Selbst der fetthaltige Robben- oder Walspeck landete als **Tran** in Lampen. Außer ein paar Resten blieb von einem Beutetier wenig übrig, und diese wurden als Futter für die Hunde benötigt.

Während der wärmeren Sommermonate zogen die Inuit ihren Beutetieren ins Landesinnere hinterher. Sie errichteten zum Schlafen einfache Zelte, die rasch auf- und abgebaut werden konnten. Ein Iglu wurde nur dann gebaut, wenn ein Wetterumschwung mit eisigen Temperaturen, Sturm und Schneefall drohte. Innerhalb einer halben Stunde wurde es aus vielen quaderförmigen Eisblöcken kreisförmig von unten nach oben zusammengesetzt. Ein etwa zehn Meter langer Eingangstunnel wurde rechtwinklig angelegt, sodass keine Kälte in die Behausung eindringen konnte. Nur im Winter lebten die Inuit an der Küste in festen Häusern aus Stein.

Heute hat sich das Leben der Inuit drastisch geändert. Viele von ihnen leben in den neu entstandenen Städten, arbeiten in Betrieben und Behörden oder sind arbeitslos. Sie tragen unsere Kleidung, und Motorschlitten oder Flugzeuge haben die traditionellen Huskygespanne ersetzt. Doch viele Inuit würden gern wieder so wie früher leben. Sie kommen mit der neuen Technik nicht zurecht oder bedauern, dass ihre Kinder in den Schulen nur die Kultur der Weißen kennenlernen, die Inuittraditionen und alten Jagdtechniken aber nicht.

* **Inuit,** die; Volksgruppe in den arktischen Gebieten. Inuit bedeutet „Mensch", das umgangssprachliche „Eskimo" (Rohfleischesser) wird als Schimpfwort betrachtet.

Bild A

Bild B

Bild C

Bild D

Bild E

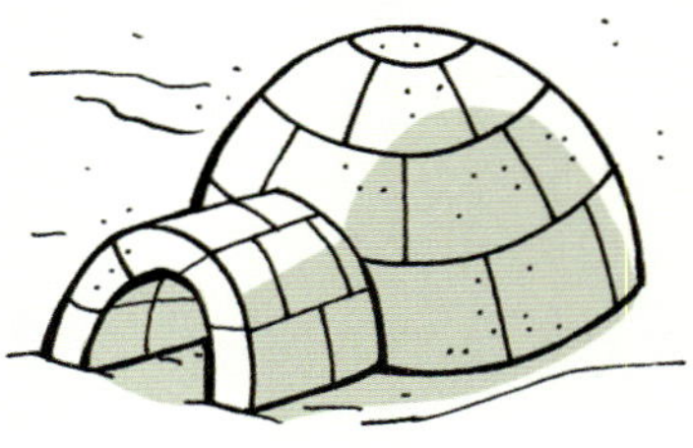

Bild F

Überschriften und Absätze

Die **Überschrift und die Bilder** eines Textes geben dir **die ersten Informationen über den Inhalt.**
→ Worum geht es in dem Text?
Damit ein Text übersichtlich und lesbarer wird, gliedern ihn **Absätze** in deutlich voneinander getrennte Teile. **In einem Absatz steht, was inhaltlich zusammengehört.**
Häufig informiert eine **Zwischenüberschrift** den Leser über den Inhalt eines Absatzes.

3 Nachdem du jetzt den Text gelesen und die sechs Bilder aufmerksam betrachtet hast, wirst du festgestellt haben, dass zwei Bilder nicht zum Textinhalt passen.

Welche? Kreuze die beiden falschen Bilder oben an.

4 In wie viele Absätze ist der Text gegliedert?

5 Welches Bild passt zu welchem Absatz am besten?

Ordne die verbleibenden vier Bilder den grauen Platzhaltern im Text zu.

6 Der zweite Absatz hat kein Bild. Zeichne in den Kasten ein passendes Bild zu diesem Absatz.

7 Gib jedem Absatz eine passende Zwischenüberschrift.

Kreuze für Absatz 1 - 3 an und überlege dir für die letzten beiden Absätze eine eigene Überschrift.

Absatz 1:
- Der Nordpol
- Die Gebiete der Antarktis
- Der Lebensraum der Inuit

Absatz 2:
- Die Beutetiere der Inuit
- Moderne Jagdmethoden der Inuit
- Feinde der Inuit

Absatz 3:
- Handel bei den Inuit
- Verwertung der Beutetiere
- Herstellung von Stoffen und Kleidung

Absatz 4:

Absatz 5:

Schlüsselwörter und Worterklärungen

Schlüsselwörter und Fremdwörter

Häufig sind in Texten einige Wörter **dick hervorgehoben** oder *schräg gedruckt*. Diese Wörter sind für das Verständnis des Inhalts wichtig. Sie heißen **Schlüsselwörter.**

Manche **Fremdwörter** werden zudem am Rand näher erklärt und ihre Bedeutung wird für den Leser somit klar. In der Regel sind sie durch eine sogenannte **Fußnote** (eine kleine Zahl [1] oder ein kleines Zeichen *) markiert.
Manchmal reichen aber all diese Erklärungen und Hilfen nicht aus und du musst selbst zum **Lexikon/Wörterbuch** greifen.

1 Schreibe die Schlüsselwörter der Absätze 1-3 heraus.

Absatz 1:

Absatz 2:

Absatz 3:

2 Markiere im Text selbst die Schlüsselwörter in den Absätzen 4 und 5.

3 Lies die Fußnote durch. Was bedeutet das Wort „Inuit“?

Schreibe die Erklärung in eigenen Worten auf.

4 Schlage die Bedeutung der folgenden Wörter im Lexikon nach und schreibe eine verständliche Erklärung auf.

1. Kajak
2. Tran
3. drastisch

Den Inhalt wiedergeben

1 Die Inuit gingen auf die Jagd. Der Text nennt Beispiele für Beutetiere.

1. Markiere die Beispiele im Text und schreibe sie auf.
2. Schreibe mindestens zwei weitere Beutetiere der Inuit auf.

2 Vervollständige die Sätze.

1. Die Inuit leben in den Küstengebieten der ______________.
2. Früher gingen sie mithilfe von ______________ zum Jagen und mit ______________ zum Angeln.
3. Die Inuit legten ______________ in getrockneter Form oder ______________ von ihrer Beute an.
4. Ein Iglu wurde im Notfall innerhalb einer ______________ aus ______________ errichtet.
5. Ein etwa zehn Meter langer ______________ diente als Tür.
6. In Häusern lebten die Inuit nur im ______________.
7. Heute leben die meisten Inuit in ______________.

3 Was stellten die Inuit aus welchen Teilen ihrer Beutetiere her?

Male zusammengehörende Kästen in der gleichen Farbe an.
Überlege gut und kombiniere scharf, denn du findest nicht jede Antwort im Text.

Fleisch	*Reste*	*Speck*	*Häute*	*Sehnen/Darm*
Fell	*Knochen*	*Stoßzähne*		
Tran für Lampen	*Bootshüllen, Zelte, Taschen*			
Speerspitzen, Harpunen	*Nahrung*	*Schlitten, Pfeil und Bogen*		
Angelschnüre, Seile, Hundeleinen	*Hundefutter*	*Kleidung*		

Test

1 Fehlerteufel: In jeder Zeile sollte immer dasselbe Wort (das erste Wort ist ausschlaggebend) stehen. Allerdings haben sich in den Reihen immer ein oder mehrere Fehler eingeschlichen. Versuche die Fehler möglichst schnell zu finden.

Käseglocke Käseglocke Käseglocke Käsglocke Käsegockel Käseglocke Käseglocke

Suppenhuhn Suppenhuhn Suppenhahn Suppenhuhn Nudelsuppe Superhuhn

Laternenumzug Latrinenumzug Laternenumzug Laternenumzug Laternenumzug

Hunderasse Hunderasse Hunderase Hunderasen Hunderasse Hunderasse Hunderaster

Bohrmaschine Bohrmaschiene Brotmaschine Bohrmaschime Bohrmaschine

Lottospieler Lottospiele Lottospieler Lottospeiler Lottospieler Lottospieler Lottoschein

Bilderrahmen Bildrahmen Bildernamen Bilderrahmen Bilderrahmen Bilderlahmen

Abenteuerreise Abenteuerriese Abenteuerreuse Abenteuerweise Abenteuerreise

2 Lies den Text aufmerksam durch. Wende die Methoden, die du kennengelernt hast, an (Unterstreichen, Schlüsselwörter kennzeichnen, Überschriften für die Abschnitte finden, ...).

1. Kreuze danach auf den Seiten 50/51, ohne noch einmal nachzuschauen, die richtigen Aussagen an.

Asien

Asien ist der größte Kontinent der Erde. Er umfasst 44,4 Mio. Quadratkilometer Fläche, was etwa einem Drittel der gesamten Landfläche der Erde entspricht. In Asien leben ungefähr 3,5 Milliarden Menschen. China und Indien sind die einwohnerreichsten Länder der Erde. Hochchinesisch wird von mehr Menschen gesprochen als Englisch.

Asien hat auch zahlreiche geographische Rekorde zu bieten. In den Hochländern finden sich die höchsten Gipfel der Welt, wie z. B. der Mount Everest mit 8 846 Metern. Aber nicht nur die höchsten Gebirge gibt es auf diesem Kontinent: Das Kaspische Meer ist der größte, und der Baikalsee der tiefste See der Welt.

Das Klima in Asien ist zum größten Teil kontinental, im Norden sind die Winter extrem kalt, die Sommer nur gemäßigt warm. Es gibt aber auch

Regionen, die Rekorde brechen. In Asien findet man z. B. den kältesten, aber auch den heißesten Ort der Erde!

So vielfältig wie das Klima ist auch die Pflanzenwelt (Vegetation). Sie reicht von polarer Steppe im Norden über sibirischen Nadelwald, Laub- und Mischwälder, aber auch Wüsten bis hin zu Regenwald in den südlichen Tropengebieten. Entsprechend vielfältig ist auch die asiatische Tierwelt. Im hohen Norden leben zum Beispiel arktische Arten wie Rentiere oder der Polarfuchs. In Nord- und Zentralasien kommen dieselben Tiere wie in Europa vor, in Vorderasien leben Tiere aus dem Mittelmeerraum. Im Südosten und Süden dagegen finden sich tropische Tiere wie z. B. Elefanten und Löwen.

In Asien gibt es große Unterschiede zwischen armen und reichen Ländern. Auf der einen Seite stehen hoch industrialisierte Länder wie Japan, das eine deutliche Vormachtstellung einnimmt. Auf der anderen Seite stehen Länder mit einem sehr niedrigen Pro-Kopf-Einkommen wie z. B. Vietnam oder Nepal. Am Rande vieler großer Städte, aber auch in abgelegenen ländlichen Gegenden leben sehr viele sehr arme Menschen.

Die Stärke des asiatischen Kontinents liegt in der landwirtschaftlichen Produktion von Reis, Kautschuk, Jute, Tee, Baumwolle und Sojabohnen. In Japan, Russland und China ist auch der Fischfang von Bedeutung. Asien verfügt außerdem über zahlreiche Bodenschätze: Unter anderem werden Zinn, Wolfram, Steinkohle und Eisenerz abgebaut, Gas und Erdöl werden nach Europa und in die ganze Welt geliefert.

Informationen zu Asien

Welchen Anteil der Landfläche unserer Erde nimmt Asien ein?

☐ zwei Drittel ☐ ein Drittel ☐ ein Sechstel

Wie viele Menschen leben in Asien?

☐ ca. 3,5 Mrd. ☐ ca. 4,4 Mrd. ☐ ca. 3,3 Mrd. Menschen

Welches sind die einwohnerreichsten Länder Asiens?

☐ China und Russland
☐ China und Indien
☐ China und Indonesien

Wie ist das Klima in Asien?

- ☐ sehr vielfältig, aber größtenteils tropisch
- ☐ sehr vielfältig, aber größtenteils kontinental
- ☐ sehr vielfältig, die Winter sind dort extrem kalt, die Sommer nur gemäßigt warm

Welche geographischen Rekorde finden sich in Asien?

- ☐ der kälteste und der heißeste Ort
- ☐ der längste Fluss
- ☐ der tiefste und der größte See
- ☐ der höchste Berg
- ☐ die größte Wüste

Auf welchem Gebiet ist Asien wirtschaftlich besonders stark?

- ☐ beim Fischfang
- ☐ in der landwirtschaftlichen Produktion, z. B. von Reis, Kautschuk und Baumwolle
- ☐ in der landwirtschaftlichen Produktion, z. B. von Kartoffeln, Mais und Kaffee

Welche Brennstoffe liefert Asien nach Europa und in die ganze Welt?

- ☐ Stein- und Braunkohle
- ☐ Gas und Erdöl
- ☐ Erdöl und Atomstrom

Welche Tiere leben in Zentralasien?

- ☐ ähnliche Arten wie in Europa
- ☐ Tiere aus dem Mittelmeerraum
- ☐ arktische Arten wie der Polarfuchs

Wo finden sich tropische Tiere wie der Elefant oder Löwe?

- ☐ im Südosten und Süden Asiens
- ☐ in Zentralasien
- ☐ im Norden Asiens

2. Kontrolliere deine Lösungen mithilfe des Textes.
3. Schreibe nun die Fakten als Aussagesätze in dein Heft.

Beispiel:

Frage: *Welcher ist der höchste Gipfel der Welt?*
Antwort: *der Mount Everest*
Aussagesatz: *Der Mount Everest ist der höchste Gipfel der Welt.*

Das musst du am Ende der 5. Klasse können:

- Wortarten unterscheiden und deren Funktion erkennen und korrekt im Satz anwenden
- Flexionsformen richtig einsetzen (z. B. die Zeitformen des Verbs, Kasusformen des Nomens, ...)
- Grundlegende Strukturen eines Satzes beschreiben und verschiedene Satzarten situationsgerecht anwenden
- Satzglieder bestimmen und den Aufbau eines Satzes nachvollziehen

3.1 Wortarten unterscheiden

Erinnere dich

Man unterscheidet verschiedene Wortarten. Die bekanntesten drei kennst du sicherlich schon: **Nomen, Verben** und **Adjektive.**

Nomen und Artikel

Nomen

Nomen heißen auch **Substantive** oder **Namenwörter.** Sie werden im Gegensatz zu allen anderen Wortarten **immer großgeschrieben.** Ein Nomen als solches zu erkennen, ist oft schwer, und häufig werden gerade hier beim Schreiben Fehler gemacht.

Folgende fünf Fragen helfen dir, diese Fehler zu umgehen:

1. Ist das Wort ein **Eigenname** (einer Person, Straße, Schule, Land ...)?
   Beispiele: *Angelika Maier, Berliner Straße, Hamburg, Kenia, ...*
2. Könnte man das Wort **anfassen** oder **sehen?**
   Beispiele: *Baum, Schlüssel, Wolke, Regenbogen, ...*

3. Könnte man das Wort **haben** oder **erleben?**
   Beispiele: *Angst, Wut, Abenteuer, Wunder, ...*
4. Hat das Wort **als Endung -heit, - keit, -ung,- nis, -schaft, - tum, -tion?**
   Beispiele: *Freundschaft, Erlebnis, Verschwörung, Reichtum, ...*
5. Kann man vor das Wort einen unbestimmten Artikel **(ein/eine)** oder einen bestimmten Artikel **(der/die/das)** setzen (= Artikelprobe)?
   Beispiele: *das/ein Gelächter, die/eine Drängelei, die/eine Tiefe, ...*

Artikel werden oft als **Begleiter** bezeichnet. Neben den bestimmten und unbestimmten Artikeln können vor Nomen in einem Text auch andere Begleiter (z. B. des, dem, einem, eines, ...) stehen.

1 **Welche der fünf Fragen passen zum vorgegebenen Nomen? Kreuze alle an und trage den bestimmten und unbestimmten Artikel ein.**

	Ist es ein Eigen-name?	Kann ich es anfas-sen/sehen?	Kann ich es haben/erleben?	Hat das Wort eine Nomen-Endung?	Kann ich ein/eine oder der/die/das davor-setzen?
Angst	☐	☐	☐	☐	☐ die/eine
Hundehütte	☐	☐	☐	☐	☐
Traum	☐	☐	☐	☐	☐
Bündnis	☐	☐	☐	☐	☐

	Ist es ein Eigenname?	Kann ich es anfassen/sehen?	Kann ich es haben/erleben?	Hat das Wort eine Nomen-Endung?	Kann ich ein/eine oder der/die/das davorsetzen?
Australien	☐	☐	☐	☐	☐
U-Boot	☐	☐	☐	☐	☐
Theater	☐	☐	☐	☐	☐
Zeit	☐	☐	☐	☐	☐
Gejammer	☐	☐	☐	☐	☐
Spaß	☐	☐	☐	☐	☐
Konzentration	☐	☐	☐	☐	☐
Verschwörung	☐	☐	☐	☐	☐
Langeweile	☐	☐	☐	☐	☐
Unglück	☐	☐	☐	☐	☐
Tonne	☐	☐	☐	☐	☐

2 Setze aus dem Kasten je ein passendes Nomen in die Lücken ein. Achte dabei auf den Artikel.

Scanner *Computer (2x)* *Rechners* *Tastatur* *Maus*
Übungseinheit *Computerspiel* *Regel* *Vorschrift* *Bilder*
Benutzung *Lernprogramms* *Vater* *Lernsoftware* *Lernen*
Schreibtisch *Montor* *Vokabeln*

Lernen mit dem __________

Tobias hat zu seinem Geburtstag einen nagelneuen __________ mit einem __________ und einer kabellosen __________ geschenkt bekommen.

„Jetzt kann ich endlich von Felix das tolle __________ ausleihen und selbst stundenlang spielen“, jubelte er. Doch weit gefehlt.

Seine Eltern stellten eine knallharte __________ für die __________ des __________ auf: Gespielt wird nur so lange, wie auch mithilfe eines __________ die englischen __________ geübt werden.

Schwupps – und schon installierte der __________ die __________. Wenig motiviert setzte sich Tobias an den __________ und hämmerte wild auf der __________ herum. Doch das __________ mithilfe der bewegten __________ auf dem __________ machte erstaunlich viel Spaß.

„Pah, diese __________ halte ich locker ein“, meinte er und legte gleich noch eine weitere __________ ein.

Deklination

Ein **Nomen** kann zusammen mit seinem Artikel verändert werden, je nachdem welche Rolle es in einem Satz einnimmt. Man nennt dies **deklinieren** oder **beugen**.

Man verändert/dekliniert Nomen und ihre Artikel gemäß:

- **der Zahl (Numerus)** → Einzahl (Singular) bzw. Mehrzahl (Plural)
  z. B. der Tisch – die Tische, die Maus – die Mäuse
- **dem Fall (Kasus)**

Nominativ (1. Fall) Wer/Was?	z. B.	**Der Elefant** sieht den Wärter.
Genitiv (2. Fall) Wessen?	z. B.	Grünfutter ist das Lieblingsessen **des Elefanten.**
Dativ (3. Fall) Wem?	z. B.	Der Wärter gibt **dem Elefanten** Grünfutter.
Akkusativ (4. Fall) Wen/Was?	z. B.	Der Wärter sieht **den Elefant.**

- **dem Geschlecht (Genus)**

z. B.	der Mann	– die Frau	– das Kind
	des Mannes	– der Frau	– des Kindes
	einem Mann	– einer Frau	– einem Kind

3 **In welchem Fall stehen die dick gedruckten Wörter in den Sätzen? Formuliere die richtige Frage dazu und notiere den Fall.**

Beispiel: Laura hilft **ihrem Opa** bei der Gartenarbeit.
→ **Wem** hilft Laura? **(3. Fall: Dativ)**

1. **Der kleine Hund** hüpft vergnügt zwischen ihren Beinen umher.
2. Dabei stößt er aus Versehen die Gartenhacke **des Großvaters** um.
3. Sie fällt dem Großvater auf **den großen Zeh.**
4. Opa humpelt zu **seiner Frau** ins Haus.
5. Sie verbindet den blauen Fuß **ihres Mannes.**
6. Laura räumt inzwischen **die Gartengeräte** in den Schuppen.

4 **Schreibe die Nomen aus Übung 1 in Einzahl und Mehrzahl auf. Manchmal gibt es keine Mehrzahl!**

Beispiel: *Angst – Ängste*

Verben

Erinnere dich

Verben heißen auch Zeitwörter, Tätigkeits- oder Tunwörter. Verben schreibt man klein.

1 **Was tun die Leute beim Sportfest? Schreibe die Verben auf. Unterstreiche die Endungen.**

sprinten,

Verben

Verben können in **unterschiedlichen Formen** auftreten.
Beispiele: *Ich sehe, du siehst, er hat gesehen, wir hatten gesehen, wir werden sehen, sieh mal!, ...*

Alle diese Formen leiten sich von der **Grundform eines Verbs, dem Infinitiv** ab. Dieser endet meist auf **–en** oder (seltener) auf **–n.**
Beispiele: *sehen, lieben, machen, werden, tun, sein, ...*
Suchst du ein Verb im Wörterbuch, findest du es unter dieser Grundform.

Ein Verb zu verändern, nennt man **konjugieren.** Dies tust du bei jedem Satz, den du bildest, ganz automatisch.

2 Nenne zu folgenden Verben den Infinitiv.

1. er ging
2. sie liebte
3. wir machten
4. sie hatten
5. er bietet
6. ihr seid
7. sie muss
8. ich liege
9. es regnete
10. ich bin
11. es war
12. sie beteten
13. er erklärte
14. wir wurden

3 Konjugiere folgende Verben im Präsens (Gegenwart).

meinen	sehen	sein
ich meine	ich sehe	ich
du	du	du bist
er/sie/es	er/sie/es	er/sie/es
wir	wir	wir
ihr	ihr	ihr
sie	sie	sie

Regelmäßige und unregelmäßige Verben

Man unterscheidet zwischen **regelmäßigen und unregelmäßigen Verben.**

Regelmäßige Verben wie *stellen* oder *machen* lassen sich leicht konjugieren, d. h. sie lassen sich leicht in eine andere Zeit setzen oder der Person anpassen, da der Wortstamm immer gleich bleibt. Allein die Endung ändert sich.

Beispiele: *stellen, er stellte, er hat gestellt, ...;*
machen, sie machte, er hat gemacht, ...

Bei **unregelmäßigen Verben** ist das etwas schwieriger, da hier auch der Wortstamm verändert werden muss:

Beispiele: *sehen, er sieht, er sah, er hat gesehen, ...;*
gehen, sie ging, er ist gegangen, ...;
sein, ich bin, er ist, wir waren, ihr seid gewesen, ...

4 Nenne zu folgenden Verbformen die Vergangenheitsform (Präteritum) und schreibe ein „R“ (regelmäßig) oder ein „UR“ (unregelmäßig) dahinter.

Beispiel: Ich kann – ich konnte (UR).

Tipp

Vergleiche auch mit dem Infinitiv.

ich mache	– ich machte (R)	ihr könnt	–
du liebst	– du	sie suchen	–
er hat	–	ich erbe	–
sie geht	–	du willst	–

es zieht -	er fährt -
wir leiden -	es liegt -

5 **Unterstreiche in jeder der drei Zeilen die Verben. Was fällt dir auf? Schreibe die Grundformen darunter.**

1. „Ich habe gestern einen spannenden Bericht gesehen. Dabei ging es um Vulkane."
2. „Wo ist denn nur mein Füller? Ich hatte ihn gestern auf den Tisch gelegt!"
3. „Mein Opa wird mich morgen besuchen. Letztes Mal brachte er seinen Hund mit."

Erinnere dich

Verben kommen nicht nur in unterschiedlichen Personalformen, sondern auch in **verschiedenen Zeitformen** vor. Auch diese Anpassung nennt man **konjugieren.**

6 **Suche in den folgenden Zeilen alle gebeugten Verben heraus und schreibe sie in der Grundform auf die Linien daneben.**

Ich musste heute zum Zahnarzt,	1.
da ich gegen einen Pfosten gelaufen bin	2.
und mein Schneidezahn wackelte.	3.
Jetzt spüre ich den Schmerz kaum noch,	4.
aber ich werde heute nichts Hartes essen.	5.
Morgen werde ich den Schmerz wieder	
vergessen haben.	6.

Du wirst merken, dass du in manchen Zeilen nur ein Verb, in anderen dagegen zwei Verben oder sogar drei gefunden hast. Das liegt daran, dass in den Sätzen unterschiedliche Zeitformen verwendet wurden.

Zeitformen des Verbs

Präsens (Gegenwart) und Präteritum (Vergangenheit) sind einfache Zeitformen, die nur aus einem Verb bestehen.
Perfekt, Plusquamperfekt, Futur 1 und Futur 2 werden aus mehreren Verben gebildet.

Diese sechs Zeitformen kennen wir im Deutschen:

Präsens (Gegenwart): ich spiele, ich laufe

Perfekt (vollendete Gegenwart): ich habe gespielt, ich bin gelaufen
Präteritum (Vergangenheit): ich spielte, ich lief
Plusquamperfekt: ich hatte gespielt, ich war gelaufen

Futur I: ich werde spielen, ich werde laufen
Futur II: ich werde gespielt haben, ich werde gelaufen sein

Wann wird welche Zeitform verwendet?

Mit dem **Präsens** drücken wir aus, was gerade passiert: „Ich mache gerade meine Hausaufgaben." Auch Live-Berichte im Radio oder Fernsehen benutzen diese Zeitform.

Wenn wir mündlich von etwas Zurückliegendem berichten, benutzen wir meist das **Perfekt:** „Gestern habe ich meine Hausaufgaben gleich nach dem Essen gemacht."

In Büchern, Zeitungen und offiziellen Nachrichten wird das **Präteritum** verwendet. Auch bei Aufsätzen wie Beschreibungen und Berichten musst du diese Zeitform verwenden. „ Gestern kam es auf der B 31 zu einem schweren Unfall." „Vorsichtig öffnete ich die Tür ..."

Wenn wir deutlich machen wollen, das etwas noch weiter zurückliegt, benutzen wir das **Plusquamperfekt:** „Nachdem ich meine Hausaufgaben fertiggemacht hatte, durfte ich endlich nach draußen."

Über das, was in Zukunft erst noch passieren wird, berichten wir meist im **Futur I:** „ Ich werde meine Hausaufgaben erst am Wochenende machen."

Mit dem **Futur II** beschreiben wir etwas, was in der Zukunft schon passiert sein wird (eine abgeschlossene Handlung in der Zukunft): „Am Montag werde ich meine Hausaufgaben dann fertig gemacht haben."

7 Bestimme die Zeitform.

Nachdem Tim gestern zu spät ins Bett gegangen war, 1.

war er heute Morgen furchtbar müde. 2.

„Nie wieder werde ich so lange aufbleiben", 3.

stöhnte er. 4.

„Ich hasse nasse Waschlappen!" 5.

„Dabei hatte ich dich doch gewarnt", 6.

grinste sein Bruder. 7.

„Ich habe Papas Weckmethoden letzte Woche
nämlich auch kennengelernt." 8.

8 Setze die Verben in alle sechs Zeitformen.

Tipp: Stelle dir einen ganzen Satz vor (Beispiel: *Wir singen ein Lied, ihr liegt auf dem Sofa, ...*).

Präsens	Präteritum	Perfekt	Plusquamperfekt	Futur I	Futur II
ich mache	ich machte	ich habe gemacht	ich hatte gemacht	ich werde machen	ich werde gemacht haben
du sagst					
er bringt					
sie läuft					
es ist					
wir singen					
ihr liegt					
sie haben					

Adjektive

Erinnere dich

Adjektive heißen auch Wiewörter oder Eigenschaftswörter. Man schreibt sie klein.

1 Unterstreiche im Text die Adjektive.

MEINE HASEN HEISSEN RATZ UND RÜBE. RATZ IST KLEIN UND BRAUN MIT WEISSEN FLECKEN, RÜBE HAT LANGE SCHLAPPOHREN UND IST GRAU. BEIDE SIND SCHNELLE LÄUFER UND KÖNNEN RIESIGE SPRÜNGE MACHEN. AM LIEBSTEN HOPPELN SIE EIFRIG DURCH DAS GRÜNE GRAS ODER BUDDELN TIEFE LÖCHER. DORT VERSTECKEN SIE SICH VOR NACHBARS NEUGIERIGER, SCHWARZER KATZE, DIE LEISE DURCH UNSEREN SCHATTIGEN GARTEN SCHLEICHT. WENN SIE SICH NÄHERT, LAUFEN MEINE ÄNGSTLICHEN HASEN ZU IHREM SICHEREN STALL ZURÜCK UND KUSCHELN SICH DORT INS TROCKENE HEU.

Adjektive

Adjektive beschreiben Eigenschaften von Gegenständen, Personen oder Lebewesen. Adjektive schreibt man klein.

Sie können gesteigert werden:
Beispiele:
schön – schöner – am schönsten
lieb – lieber – am liebsten
frisch – frischer – am frischesten

Die erste Steigerungsstufe/Vergleichsform nennt man **Komparativ,** die zweite Steigerungsstufe heißt **Superlativ.** Mit diesen Steigerungsformen von Adjektiven lassen sich Dinge vergleichen und ihre Unterschiede beschreiben.
Beispiel: *Ich bin größer als du.*

Einige Adjektive haben **besondere Steigerungsformen.**
Beispiele:
gut – besser – am besten
viel – mehr – am meisten

Manche Adjektive kann man aufgrund ihrer Bedeutung nicht steigern:

- Farbadjektive wie rot, schwarz, ...
- Herkunftsadjektive wie deutsch, englisch, ...
- Materialadjektive wie hölzern, metallisch, ...
- aber auch: rund, stumm, richtig, falsch, schwanger, ...

2 Bilde zu jedem Adjektiv jeweils den Komparativ und den Superlativ.

dick, heiß, arm, weit, gut, wenig, trüb, laut, natürlich, nass, faulig, groß, eifrig, langsam

Gegensätze ausdrücken

Mit Adjektiven kann man auch gegensätzliche Eigenschaften ausdrücken: *gut – böse, alt – neu, kalt – warm, ...*

3 Suche die Gegensätze. Schreibe dann mindestens fünf weitere Gegensatzpaare auf.

hell		sauber	
arm		sonnig	
mager		hungrig	
schön		wild	

Adjektiv-Endungen

Adjektive können **verschiedene Endungen** haben, je nachdem zu welcher Wortgruppe sie gehören.
Steht das Adjektiv vor einem Nomen, passt es sich an dieses an und kann unterschiedliche Endungen haben.

Beispiele:
*Hans ist ein gut**er** Läufer.*
*Auch seine Geschwister sind gut**e** Läufer.*
*Der Vater ruft den gut**en** Läufern etwas zu.*

Beschreibt ein Adjektiv einen Vorgang oder eine Tätigkeit näher, wird es nicht verändert.
Beispiel: Wir sprinteten **schnell** ans Ziel.

Ein Adjektiv kann auch allein stehen. Dann hat es keine Endung.
Beispiel: *Die Läuferin ist* ***schnell.***

4 Vervollständige die Texte mit den passenden Adjektiven und ihren beiden Vergleichsformen. Achte auf die richtige Endung.

Wo Jugendliche gern Urlaub machen

1. Am ______ fahre ich mit ______ Freunden in den Urlaub. Meistens fahren wir mit dem Reisebus, das dauert zwar ______ und ist ziemlich ______, aber es ist ______ als mit dem Flugzeug. Am Urlaubsort ist es uns ______, dass dort ______ andere ______ Leute sind, denn dann wird es ______.

gut *lieb* *unbequem* *lustig* *billig* *wichtig* *viel* *jung* *lang*

2. Ich besuche im Sommer immer meine Verwandten in Kroatien. Ich genieße es, ______ Urlaub am Meer zu machen. Dort ist auch das Wetter viel ______, es ist ______ und regnet fast nie. Außerdem ist es ______, meine ______ Großeltern wiederzusehen.

Sie sind schon ________ und können selbst nicht mehr so ________ reisen.

lieb *gut* *weit* *kostenlos* *schön* *alt* *warm*

3. Meine Familie und ich fahren seit zehn Jahren in eine ________ Berghütte. Dort gibt es nur ________ Wasser und auch kein ________ Licht. Mir gefällt es ________, eine ________ Woche ________ weg von aller Zivilisation zu verbringen. Danach freue ich mich aber doch wieder auf eine ________ Dusche und ________ Brötchen zuhause.

weit *kalt* *frisch* *gut* *einsam* *ruhig* *warm* *elektrisch*

Adverbien

1 In diesem Satz verbergen sich gleich drei Adverbien. Findest du sie?

„Man kann hier selten schwimmen, denn meistens ist es zu kalt."

Adverbien

Adverbien (Umstandswörter) sind kleine Wörter, die häufig mit Adjektiven verwechselt werden.
Adverbien bestimmen den **Ort,** die **Zeit,** den **Grund** oder die **Art und Weise,** wie jemand etwas tut (heute, dort, zusammen, nie, ...).
Aber:
Adverbien lassen sich nicht verändern, d. h., sie passen sich nicht an die Substantive an und können auch nicht gesteigert werden.
Adverbien sind sehr bewegliche Wörter, d. h., sie können an verschiedenen Stellen im Satz stehen, ohne dessen Sinn zu verändern.

2 Adjektiv oder Adverb?

Prüfe bei jedem fett geschriebenen Wort, ob es sich um ein Adverb oder ein Adjektiv handelt. (Tipp: Versuche das Wort zu steigern oder an anderer Stelle im Satz unterzubringen). Markiere alle Adverbien mit roter Farbe.

1. **Gerade** unterhielten wir uns über das **miese** Wetter, als eine **hohe** Welle **heftig** gegen unser Boot schlug.
2. **Gemeinsam** gingen wir an Deck, um zu sehen, wie **groß** der Schaden war.
3. Nur **selten** gab es um diese Jahreszeit schon **solch kräftigen** Wind.
4. **Deswegen** erschraken wir **besonders** und hofften, den **fernen** Hafen **bald gesund** und **munter** zu erreichen.

3 Ordne die Adverbien in die Tabelle ein.

hier, unterwegs, genug, dort, überall, morgen, bald, kaum, vorwärts, so, gemeinsam, besonders, hierzu, daher, weg, gestern, vorn, da, immer, hinten, gerade, ebenfalls, deswegen, seither, beinahe, manchmal, sonst, oft

Adverb des Ortes (Lokaladverb)	Adverb der Zeit (Temporalalverb)	Adverb der Art und Weise (Modaladverb)	Adverb des Grundes (Kausaladverb)

Die Wortarten im Überblick

Gewöhnlich unterscheidet man **zehn Wortarten.**

Verb (Tätigkeitswort/Zeitwort): z. B. *singen, machen, haben, leben, werden, ...*
Nomen/Substantiv (Hauptwort/Namenwort): z. B. *Tasche, Jacke, Gefühl, ...*
Adjektiv (Wiewort/Eigenschaftswort): z. B. *klein, mager, glücklich, ...*
Pronomen (Fürwort): z. B. *er, wir, euch, dein, jenes, ...*
Artikel (Begleiter): z. B. *der, die, das, ein, eine, eines, des, dem, ...*
Präposition (Verhältniswort): z. B. *auf, hinter, bei, seit, in, ...*
Adverb (Umstandswort): z. B. *sehr, heute, da, während, ...*
Konjunktion (Bindewort): z. B. *und, weil, aber, obwohl, ...*
Numeral (Zahlwort): z. B. *zwei, siebzig, dreihundert, tausend, erster, dritter, ...*
Interjektion (Ausrufungswort): *z. B. Aua!, Pfui!, Hallo!, ...*

3.2 Satzglieder erkennen

Der Klassenlehrer der 5b fordert seine Schüler auf: „Bildet aus diesen Wörtern richtige Sätze!“

Geburtstag *Felix* *Computerspiel*
gestern *Tobias* *Freund* *schenken*

„Nichts leichter als das!“, denkt sich Peter und beginnt:
„Zum Geburtstag hat Felix gestern seinem Freund Tobias ein Computerspiel geschenkt.“

Doch Paula hat eine ganz andere Idee:
„Gestern schenkte Tobias seinem Freund Felix ein Computerspiel zum Geburtstag.“

„Na, wer schenkt denn nun wem das Computerspiel?“, fragt der Lehrer.

Beide Sätze sind korrekt, aber Wörter allein machen nicht deutlich, was man sagen möchte. Erst durch eine bestimmte Anordnung der Wörter wird der Sinn eines Satzes eindeutig. Jedes Wort bekommt somit eine bestimmte Aufgabe innerhalb eines Satzes.

Erinnere dich

Jeder Satz besteht aus verschiedenen Bausteinen, den Satzgliedern. Ein Satzglied kann aus nur einem oder mehreren Wörtern bestehen.

Die Umstellprobe

Um die Anzahl der einzelnen Satzglieder eines Satzes zu bestimmen, musst du den Satz mehrmals umstellen. Die Teile des Satzes, die immer zusammenbleiben, sind die Satzglieder.

Beispiel:

Der Skateboard-Fahrer | *übt* | *pausenlos* | *auf dem Schulhof* .

Auf dem Schulhof | *übt* | *der Skateboard-Fahrer* | *pausenlos* .

Pausenlos | *übt* | *der Skateboard-Fahrer* | *auf dem Schulhof* .

Übt | *der Skateboard-Fahrer* | *pausenlos* | *auf dem Schulhof* ?

Dieser Satz besteht aus vier Satzgliedern.

1 Bestimme wie im Beispiel mit der Umstellprobe die Anzahl der Satzglieder. Schreibe die Sätze ins Heft und rahme die Satzglieder ein.

1. Herr und Frau Maier freuen sich auf ihren Urlaub.
2. Der Postbote steckt wie jeden Morgen die Zeitung in den Briefkasten.
3. Sie erklärte es ihm auf der Stelle.
4. Kann Tobias gut eislaufen?
5. Der kleine Junge weint.

2 **Bilde selbst jeweils einen Satz mit zwei, drei, vier und fünf Satzgliedern.**

Subjekt und Prädikat

Subjekt und Prädikat

Jeder Satz besteht aus mindestens zwei Satzgliedern – dem Subjekt und dem Prädikat.

Timo *schreit.* *Es* *regnet.* *Der bunte Papagei* *fliegt davon.*

▶ Das **Subjekt** besteht aus einem Nomen oder Pronomen. Du kannst es mit **„Wer oder was?"** erfragen.

Timo *schreit.* *Wer oder was schreit?* → *Timo*

▶ Das **Prädikat** besteht aus einem oder auch mehreren Verben. Du kannst es mit **„Was (macht)?"** erfragen. Es steht in der Regel an zweiter Stelle innerhalb eines Satzes.

Timo *schreit.* *Was macht Timo?* → schreien

Nur in einer Frage rutscht es ganz an den Anfang.

Regnet *es?*

Ein Prädikat aus mehr als einem Verb zerbricht beim Umstellen oft in zwei Teile.

Fliegt *der bunte Papagei* *davon?*

1 **Bestimme mit „Wer oder was?" das Subjekt. Unterstreiche und kennzeichne es mit „S".**

1. Die Schuldisco beginnt um acht Uhr.
2. Hat er Nico den Verband gewechselt?
3. Das Sportabzeichen hatte niemand aus der Klasse gemacht.
4. Der Hauptgewinn ist noch nicht vergeben.
5. Ab heute sind Schulferien!

2 **Bestimme mit „Was (macht)?“ das Prädikat. Unterstreiche und kennzeichne es mit „P“.**

1. Die Direktorin begrüßt die neuen Fünftklässler.
2. Sie hatte den Füller ihrer Freundin genommen.
3. Gibt Paul Johannes das Heft?
4. Ist der Streit geklärt?
5. Der Tageslichtprojektor wurde gerade beschädigt.

Die Objekte

Objekte

Neben Subjekt und Prädikat gibt es meist noch ein oder mehrere **Objekte.**
Die häufigsten drei Objekte sind:

Akkusativobjekt: (4. Fall)
Der Trainer begrüßt die Mannschaft.
Du fragst danach: **„Wen oder was?“** begrüßt der Trainer?
→ die Mannschaft

Dativobjekt: (3. Fall)
Der Schiedsrichter gratuliert dem Sieger.
Du fragst danach: **„Wem?“** gratuliert der Schiedsrichter?
→ dem Sieger

Genitivobjekt: (2. Fall)
Tim ist sich seiner Sache sicher.
Du fragst danach: **„Wessen?“** ist Tim sich sicher?
→ seiner Sache

1 **Ersetze beim Abschreiben jedes Symbol ✶ durch ein Objekt aus dem Stern. Kennzeichne:**

Akkusativobjekt (AO), Dativobjekt (DO) und Genitivobjekt (GO).

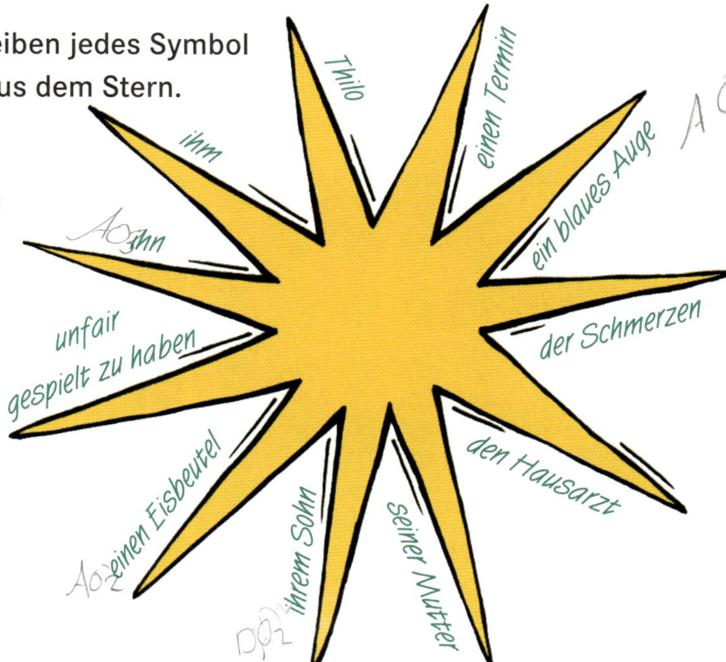

1. Thilo verletzte sich in Sport und hat jetzt ✶.
2. Der Sportlehrer gab ✶ ✶.
3. Er beschuldigte ✶ aber, ✶.
4. Trotzdem war sich Herr Müller ✶ bewusst und schickte ✶ nach Hause.
5. Dort erzählte Thilo alles ✶.
6. Diese rief sofort ✶ an.
7. Er gab ✶ noch am gleichen Tag ✶ zur Kontrolle.

2 **Bestimme die Satzglieder. Kennzeichne: Subjekt (S), Prädikat (P), Akkusativobjekt (AO), Dativobjekt (DO) und Genitivobjekt (GO).**

1. Pia schreibt bei Tobias ab.
2. Die Zwillinge schenken ihrer Mutter einen Blumenstrauß.
3. Die Krankenschwester nahm sich des verletzen Kindes an.

4. Dem Zebra krault der Tierpfleger sein gestreiftes Fell.

DO P AOS AO

5. Der Sänger rühmte sich seiner Künste.

S P GO

6. Dem Geiger spielt der Klavierlehrer ein Ständchen vor.

DO P S AO P

Die adverbialen Bestimmungen

Adverbiale Bestimmungen

Zu guter Letzt unterscheidet man noch zwischen weiteren Satzbausteinen – den adverbialen Bestimmungen. Die wichtigsten vier sind:

Adverbiale Bestimmung der Zeit

An Weihnachten ist die Familie beisammen.

Du fragst danach: **Wann** ist die Familie beisammen?

▶ an Weihnachten

Adverbiale Bestimmung des Ortes

Der Tafelschwamm liegt unter dem Waschbecken.

Du fragst danach: **Wo** liegt der Tafelschwamm?

▶ unter dem Waschbecken

Adverbiale Bestimmung der Art und Weise

Der Direktor kam ausnahmsweise unrasiert zur Schule.

Du fragst danach: **Wie** kam der Direktor zur Schule?

▶ unrasiert

Adverbiale Bestimmung des Grundes

Wegen eines Stromausfalls fand kein Computerunterricht statt.

Du fragst danach: **Warum** fand kein Computerunterricht statt?

▶ wegen eines Stromausfalls

1 Hier sind die adverbialen Bestimmungen nach ihrer Art zusammengestellt, aber in jeder Reihe ist eine Bestimmung falsch.

Finde sie heraus. Zu welcher Art einer adverbialen Bestimmung gehört sie?

	Adverbiale Bestimmung ...
morgen – schnell – vor der Stunde – nach dem Aufstehen – zur Kirmes	
in der Kurve – dort – in Bremen – auf dem Tisch – hier – gestern	
aus Wut – fleißig - ohne Lust - immer wieder - umständlich – gern	
wegen seiner Erkältung – aus Rache – vor lauter Angst - freiwillig	
auf dem Sofa – im Garten – draußen – allein - unter Palmen	
vor Trauer - todmüde – in Begleitung seines Bruders – betrübt - rasch	
mitten in der Nacht - am Morgen – drinnen – an Silvester – jetzt	

2 Finde aus Valentinos Brief alle adverbialen Bestimmungen heraus.

Lege dazu eine Tabelle in deinem Heft an. Du findest 14 adverbiale Bestimmungen des Ortes, 6 adverbiale Bestimmungen der Zeit, 3 adverbiale Bestimmungen des Grundes und 7 adverbiale Bestimmungen der Art und Weise.

Lieber Hassan, Mainz, 25.3.2008

am gestrigen Nachmittag habe ich eine Kurzmeldung im Fernsehen aufgeschnappt. Mit Entsetzen habe ich festgestellt, dass sich das Unglück in deiner Stadt ereignete. Auch unser Stadtanzeiger hat in der heutigen Dienstagsausgabe gemeldet:
„Schäferhund von Zug mitgerissen". Etwas Unglaubliches ereignete sich während des täglichen Berufsverkehrs in der Innenstadt.
Am Ende der Fußgängerzone fiel Passanten ein herrenloser Hund mit Leine auf. Der Hund streunte suchend durch die Läden. Aus Angst, gebissen zu werden, wichen die meisten Leute freiwillig dem Tier aus. Doch „Charlie" ließ sich nicht beirren und suchte unermüdlich weiter. Gegen halb fünf entdeckte er in der Menschenmenge einen älteren Herrn. Dieser stieg gerade in eine wartende Stadtbahn ein.
Vor lauter Freude über seine Entdeckung flitzte der Schäferhund dem Mann hinterher und sprang schwanzwedelnd in den Zug.
Doch zu spät. „Charlie" verlor auf der Stufe den Halt und rutschte rückwärts auf den Asphalt. Seine Leine verfing sich dabei am Geländer und die automatischen Türen schlossen sich. Kopfüber wurde der Hund mehrere hundert Meter mitgeschleift. An der nächsten Haltestelle lag „Charlie" wie tot am Boden. Der ältere Herr erkannte seinen Hund und wie durch ein Wunder öffnete „Charlie" die Augen.
Der Mann erklärte hinterher, dass er „Charlie" vor einiger Zeit im Tierheim abgeben musste, da er in seinem Seniorenstift keine Haustiere halten dürfe. Als das Seniorenstift von dieser unglaublichen Hundeliebe hörte, machten sie eine Ausnahme und „Charlie" durfte zurück zu seinem Herrchen. Hast du von dem Unfall etwas mitbekommen? Du wohnst doch an der Ecke zur Einkaufsstraße. Melde dich doch mal bei mir!
Bis bald,

dein Valentino

Test

1 Bilde zu den gesuchten Nomen die Einzahl und die Mehrzahl. Schreibe beides mit dem bestimmten Artikel auf. Schreibe in dein Heft.

Computer	Scheune	Kirchturm
Melone	Würfel	Handtuch
Wohnwagen	Gipfel	Lebkuchenherz

2 Finde die Nomen aus den Sätzen heraus. Unterstreiche sie.

STUNDENLANG GROLLTE DER DONNER UND BLITZE ZUCKTEN AM HIMMEL. SPÄTER FUNKELTEN MILLIONEN VON STERNEN AM FIRMAMENT. DER MOND LEUCHTETE HELL IN PIAS ZIMMER.
DAS MÄDCHEN SCHAUTE DURCHS DACHFENSTER IN DIE WEITE DES WELTRAUMES. DA SAH SIE EINE STERNSCHNUPPE. „JETZT HABE ICH EINEN WUNSCH FREI", DACHTE SIE UND WÜNSCHTE SICH ETWAS.

3 Bilde jeweils einen Satz, in dem die vorgegebenen Wörter im Nominativ, Genitiv, Dativ und Akkusativ stehen.

1. Polizist
2. Hamster

4 Verbinde die Hauptsätze mit einer nebenordnenden Konjunktion zu einer Satzreihe.

1. Das Baby schreit in der Wiege. Es hat Hunger.
2. Heute ist miserables Wetter. Der Schulausflug wird verschoben.
3. Jonas will einen Brief schreiben. Er muss noch zu Post.
4. Lisa ist krank. Sie geht zur Schule.

5 Was gehört zusammen? Kennzeichne farbig.

1 Verb	8 Bindewort	1 Tasche, Jacke, Gefühl, ...
2 Nomen/ Substantiv	3 Wiewort/ Eigenschaftswort	6 auf, hinter, bei, seit, in, ...
3 Adjektiv	5 Begleiter	10 Aua!, Pfui!, Hallo!, ...
4 Pronomen	9 Zahlwort	7 sehr, heute, da, während, ...
5 Artikel	4 Fürwort	9 zwei, siebzig, dreihundert, tausend, erster, dritter, ...
6 Präposition	1 Tätigkeitswort/ Zeitwort	8 und, weil, aber, obwohl, ...
7 Adverb	7 Umstandswort	5 der, die das, ein, eine, eines, des, dem, ...
8 Konjunktion	2 Hauptwort/ Namenwort	4 er, wir, euch, dein, jenes, das, ...
9 Numeral	6 Verhältniswort	3 klein, mager, glücklich, ...
10 Interjektion	10 Ausrufungswort	1 singen, machen, haben, leben, werden, ...

6 Bestimme die Zeitform.

1. Wir waren gerannt.	☐ Plusquamperfekt	☐ Perfekt
2. Sie wird sich gemeldet haben.	☐ Futur I	☐ Futur II
3. Die Sonne wird scheinen.	☐ Präsens	☐ Futur I
4. Es hatte geregnet.	☐ Präteritum	☐ Plusquamperfekt
5. Das Gras ist schon trocken.	☐ Perfekt	☐ Präsens
6. Ich habe dich angerufen.	☐ Perfekt	☐ Plusquamperfekt
7. Gehst du mit?	☐ Präsens	☐ Präteritum
8. Er schien mir blass.	☐ Perfekt	☐ Präteritum

7 Setze in eine andere Zeitform.

1. Wir gehen heim.

   (Futur I): ______________________

2. Er machte seine Hausaufgaben.

   (Perfekt): ______________________

3. Es regnet.

   (Präteritum): ______________________

4. Sie ist nach Italien geflogen.

   (Präsens): ______________________

5. Warst du zu Hause?

(Perfekt):

6. Wir hatten Spaß.

(Präsens):

7. Die Scheibe wird kaputt gegangen sein.

(Präteritum):

8. Er hatte ihn belogen.

(Futur II):

9. Sie verzieh ihm.

(Plusquamperfekt):

8 Kreise in den Sätzen alle Satzglieder ein. Schreibe die Namen der Satzglieder darunter.

1. Alle mögen das Eis in Giovannis Eisdiele.

PrO Ad

2. Dem Bauern klaut der Fuchs ein Huhn.

3. In Nürnberg gibt es die leckersten Lebkuchen der Welt.

4. Ängstlich steht Paul minutenlang mit Gerd auf dem Sprungturm.

5. Schreibst du deiner Mutter wegen deines Jubiläums eine Einladung?

4 RICHTIG SCHREIBEN

Das musst du am Ende der 5. Klasse können:

- ▷ Rechtschreibstrategien und -regeln selbstständig anwenden
- ▷ Strategien zur Fehlervermeidung und -korrektur anwenden (Nachschlagen, Sprechschwingen, Ableiten, Verlängern)
- ▷ Unterschiede und Bedeutung der wichtigsten Satzzeichen kennen
- ▷ Die Satzarten unterscheiden und diese bei der eigenen Textproduktion sinnvoll einsetzen
- ▷ Eigene und fremde Texte bezüglich ihrer sprachlichen Richtigkeit überarbeiten (Fehler erkennen und verbessern)

4.1 Groß- und Kleinschreibung

Erinnere dich

Am Satzanfang schreibt man groß.

Aber nicht nur da! Sicherlich kennst du schon einige Regeln für die Groß- und Kleinschreibung. In diesem Kapitel lernst du alle wichtigen Regeln auf einen Blick kennen.

Sehr geehrte Badegäste (1),
nehmen Sie (5) bitte beim Schwimmen (2b) unbedingt Rücksicht auf andere Badegäste! Springen (2c) vom Beckenrand ist grundsätzlich nicht erlaubt! Auch das Tauchen (2a) im großen Becken ist untersagt! Das Neueste (3a) auf dem Gebiet des Aquatrainings wird Ihnen am Nachmittag (6a) von unserem dreiköpfigen Fitnessteam im kleinen Becken vorgestellt. Die Drei (4) führen Ihnen heute Mittag (6b) neben neuen Techniken und Geräten auch viel Interessantes (3b) aus dem Gebiet der Gesundheitsvorsorge vor.

Auf einen Blick: die Groß- und Kleinschreibung

Die Zahlen hinter den Wörtern aus der Durchsage des Bademeisters entsprechen den folgenden sechs Kategorien der Großschreibung:

Groß geschrieben werden:

1. **Nomen** (Substantive, Namenwörter)
2. **Verben** (Tätigkeitswörter), wenn sie
   a) nach einem Artikel *(der, die, das, ein, eine)* stehen
   b) nach *am, beim, vom, zum* oder *im* stehen
   c) allein stehen, man aber einen Artikel davorsetzen könnte
3. **Adjektive** (Eigenschaftswörter), wenn sie
   a) nach einem Artikel stehen
   b) nach unbestimmten Zahlwörtern oder den Mengenangaben *wenig, etwas, viel* und *nichts* stehen
4. **sonstige Wortarten,** wenn sie
   a) allein stehen oder
   b) man einen Artikel davorsetzen könnte
5. **Anredepronomen** (Anredefürwörter) in ihrer höflichen Form, wie sie in offiziellen Briefen benutzt werden: *Ihr, Ihre, Sie, Ihnen, ...*
6. **manche Zeitangaben,** wenn sie als Nomen benutzt werden und
   a) ein Artikel davorgesetzt werden kann
   b) ein Adverb davorsteht

Werden Zeitangaben nur als Adverb eingesetzt (mittags, heute, morgen, ...), schreibt man sie auch hier klein.

1 Zu welcher der sechs oben aufgelisteten Kategorien gehören diese großgeschriebenen Wörter?

Ordne dem Wort die richtige Zahl (und den richtigen Buchstaben) wie in der Bademeister-Durchsage zu.

Beispiel:
Seit den Pfingstferien macht mir das Reiten (2a) richtig Spaß (1).

1. „Heute zählt **Ihre** ____ **Stimme** ____ doppelt!“
2. „Nur **Ferien** ____ am Meer sind für mich das **Wahre** ____!“
3. „Der heutige Tag verspricht wenig **Gutes** ____.“
4. „Nach meiner Krankheit zählt für mich nur das **Heute** ____.“
5. „Beim **Segeln** ____ habe ich **Entspannung** ____ pur.“
6. „Stellen **Sie** ____ sich vor, ich wachte am **Morgen** ____ im Bad auf.“
7. „Die **Fünf** ____ ist das **Schrecklichste** ____, was mir in **Englisch** ____ passieren konnte.“
8. „Seit dem Angstseminar ist **Fliegen** ____ für mich völlig unproblematisch.“
9. „Gestern **Abend** ____ bekam ich noch spät **Gäste** ____.“
10. „Die Innenstadt ist schön zum **Bummeln** ____.“
11. „Ich hole mir noch auf die **Schnelle** ____ etwas **Süßes** ____!“

2 Schreibe aus der Buchstabenkette alle Wörter heraus, die großgeschrieben werden. Achte auf mögliche Begleiter oder Signalwörter davor.

K	I	P	P	E	N	D	A	S	E	C	H	T	E	D	E	R	B	O
T	E	S	A	N	D	I	G	E	R	G	E	B	N	I	S	D	I	E
V	I	E	R	I	S	T	B	E	I	M	L	E	S	E	N	Z	U	M
J	O	G	G	E	N	L	A	B	E	N	D	R	E	I	R	I	C	H
T	I	G	E	S	C	H	W	E	R	B	E	I	N	E	T	W	A	S
P	A	S	S	E	N	D	E	S	I	H	N	E	N	G	E	N	A	U

3 Überlege dir zu jeder Kategorie (auch Unterkategorie) aus der Wissensbox einen eigenen Beispielsatz. Insgesamt sind es 10 Sätze.

4 Setze im Text die Punkte und markiere alle Satzanfänge grün. Kennzeichne alle Wörter, die großgeschrieben werden, rot.

Schreibe den Text fehlerfrei mit Groß- und Kleinschreibung auf.

ein seltsamer ausflug

es war an einem morgen, als wir mit dem auto aufbrachen, um oma und opa zu besuchen inzwischen brannte die sonne vom himmel und es wurde immer heißer auf einmal breitete sich vor uns eine wüste aus die straße endete urplötzlich in einer hohen düne aus sand einige schritte von uns entfernt sahen wir etwas verschwommenes auf uns zukommen: eine karawane mit neun dromedaren der wind wehte mir beim schauen den feinen sand der sahara in die augen und mein mund war trocken ich war durstig, aber die weite war unendlich kein wasserloch war zu sehen das nichts hatte uns gefangen und die hitze wurde unerträglich dann knallte mein kopf gegen die fensterscheibe meine mutter musste beim fahren scharf bremsen und ich wurde wach erst jetzt merkte ich, dass wir nicht in afrika waren was für ein erlebnis zum glück war es nur ein spannender traum

4.2 Rechtschreibstrategie: Silben trennen und sprechschwingend schreiben

Silben

Wörter setzen sich aus Silben zusammen. Silben bestehen meist aus mehreren Buchstaben. Jede Silbe hat mindestens einen Vokal. Passt ein Wort nicht mehr auf eine Zeile, kannst du es an diesen Stellen mit einem Bindestrich unterbrechen und in der nächsten Zeile weiterschreiben.

Ha-se   I-gel   Rat-ten-kä-fig

Nahezu 50 % aller deutschen Wörter sind sogenannte „Mitsprechwörter“, d. h., wenn du sie langsam und deutlich in Silben vor dich hin sprichst, kannst du sie lauttreu aufschreiben.
Vielen Schülern hilft es anfangs, die Silben beim Sprechen mit einem Stift, der Hand, dem Arm oder sogar dem ganzen Körper mitzuschwingen.

Wenn du diese Methode anfangs gewissenhaft trainierst, schleift sie sich ein und hilft dir später bei Unsicherheiten.

Sprechschwingend schreiben

- Sprich das Wort langsam und deutlich, Silbe für Silbe.
- Schwinge das Wort mit deinem Körper.
- Sprich das Wort während des Schreibens in deinem Schreibtempo in Silben.
- Setze die i-Punkte, die ä-, ö-, ü- Punkte und t-Striche erst, wenn du die ganze Silbe geschrieben hast.
- Zeichne zur Kontrolle die Silbenbögen darunter und sprich das Wort dazu noch einmal.

1 Lies immer eines der Wörter und schreibe es dann sprechschwingend aus dem Gedächtnis auf.

1. Halte nach jeder Silbe kurz inne, um die i-Punkte und t-Striche zu setzen.
2. Prüfe dann die Schreibweise, indem du die Silbenbögen daruntersetzt.
3. Markiere in jeder Silbe den/die Vokal(e) farbig.

die Faschingsmaskerade	das Hosenknopfloch
der Musikschulunterricht	die Rechtschreibregelübung
der Naturerlebnispfad	der Getränkekistenabtransport

2 Bilde drei eigene Wortmonster.

1. Setze dazu möglichst viele Nomen zu einem Wort zusammen.
2. Schreibe sie sprechschwingend mit den Silbenbögen auf.
3. Hüpfe dann silbenweise vorwärts. Bei welchem Wort kommst du am weitesten?

Ratte Schwanz Verletzung Käfig Tür Schloss Schlüssel Verband
Socken Gummi Muster Loch Schokolade Salat Torte Platte Zucker
Guss Supermarkt Kasse Schlange Bärchen

4.3 Rechtschreibstrategie: Verlängern

Erinnere dich

Nicht alle Wörter werden genauso geschrieben, wie sie auch ausgesprochen werden.
In diesem und im nächsten Unterkapitel lernst du zwei Rechtschreibstrategien kennen, die dir helfen werden, solche Wörter zu erkennen und mithilfe einiger Tricks diese auch richtig zu schreiben.

b oder p? d oder t? g oder k?

Manchmal liegt es an einer undeutlichen Aussprache, dass wir nicht alle Laute eindeutig hören. Aber es gibt auch Worte, die sich trotz deutlichem Sprechen anders anhören, als sie geschrieben werden. So hört man, wenn man das Wort „Hund" spricht, am Ende ein t, geschrieben wird es aber mit einem d.
Bei Wörtern, die man mit p, t, k spricht, aber mit b, d, g schreibt hilft es, diese einfach zu verlängern.

Trick 1: **Nomen und Adjektive:**

Verlängere das Wort, indem du die Mehrzahl oder eine Steigerung bildest.

z. B. *der Ber__ (k oder g?)* — *alle Berge*
run__ (d oder t?) — *viel runder*

Trick 2: **Verben:**

Bilde einfach den Infinitiv (Grundform) des Verbs und verlängere auf diese Weise.

z. B. *er gi__t (b oder p?)* — *alle geben*
sie stan__ (d oder t?) — *alle standen*

Trick 3: **Restwörter:**

Verlängere, indem du ein verwandtes Wort suchst.

z. B. *unterwe__s (g oder k?)* — *alle Wege*

Tinka und Lotte verbringen mit ihren Eltern einen Mittag im Stadtpark am Ententeich. Es ist so einiges los.

1 Übung zu Trick 1: Finde alle Nomen im Bild heraus, die am Ende mit p, t, k gesprochen, aber mit b (2x), d (8x) und g (6x) geschrieben werden.

2 Übung zu Trick 1: Wie enden diese Adjektive und Nomen? Entscheide, ob die Wörter mit b oder p, g oder k bzw. d oder t geschrieben werden.

Im Park ist es sonni   , aber ziemlich windi   . Trotzdem ist heute mächti   viel los. Wil   schnappen die Enten auf dem Teich nach dem alten Bro   , das Tinka und Lotte vom Ste   aus verfüttern. „Schau mal, diese Ente ist ganz bun   , aber gar nicht hungri   !“, meint Tinka und deutet in Richtung

Uferran . Wei und brei ist nur eine farbige Ente zu sehen. Lotte lacht hefti los, sagt aber nichts. Sie nimmt ihren ganzen Mu zusammen, watet vom We aus ins Wasser und schnappt sich gekonnt das Tier. Stolz setzt sie die Ente vor Tinka ab. „Du bist ganz schön blö “, meint sie grinsend, „die ist doch aus Plasti .“

3 Übung zu Trick 2: Wie schreibt man das Verb? Mit b oder p, d oder t oder g oder k?

Bilde dazu im Heft jeweils den Infinitiv oder eine andere Ableitung des Verbs und setze den richtigen Buchstaben ein.

Beispiel: *Der Mann stand an der Uferböschung.*
stand – alle standen

Präsens:

1. Lotte gi t den Schwänen auch etwas Brot.
2. Tinka sa t: „Ich habe auch Hunger.“
3. Eine Frau schrei t auf der Parkbank eine Postkarte.
4. Ein Passant blei t stehen und he t eine Euromünze vom Boden auf.
5. Ein Mann empfän t seine Frau mit einem Kuss.
6. Ein Ball flie t auf Tinkas Decke.

Präteritum:

7. Eine Dame ban dem Pudel die Schleife neu und ho ihn auf den Arm.
8. Ein Junge rie sich sein verletztes Bein.
9. Tinka la faul rum und Lotte schrie die Hausaufgaben ab.
10. Ein Mädchen bo sich vor Lachen.

4.4 Rechtschreibstrategie: Ableiten bei Wörtern mit ä/äu

ä oder e? äu oder eu?

Die beiden Umlaute ä und äu hören sich beim Sprechen in vielen Worten an wie e und eu.

Die meisten Wörter, die mit ä oder äu geschrieben werden, stammen aber von Worten mit a bzw. au ab.
Suche passend zum Wort verwandte Wörter, und du weißt, wie es geschrieben wird.

Beispiele: *die Kämme* → *der Kamm* *die Mäuse* → *die Maus*
ä kommt von *a* *äu* kommt von *au*

Es gibt nur wenige Ausnahmen, bei denen du keine Ableitung findest. Diese Wörter sind daher Merkwörter.

Beispiele: *das Märchen, der März, der Lärm, während, ...*

1 Schreibe alle abgebildeten Nomen im Plural (Mehrzahl) und dann im Singular (Einzahl) auf.

Beispiel: *die Bäume → der Baum*

2 **Bilde zum Wort eine passende Ableitung und setze den richtigen Umlaut ein.**

Suche selbst ein weiteres Wort, zu dem die Ableitung passt.

	Wort	Ableitung	eigenes Wort
1.	Bisamrattenschwänzeder	Schwanz	Pferdeschwänze
2.	Rosenknospensch__dlinge		
3.	Autowaschanlagenschw__mme		
4.	Gespensteralptr__me		
5.	Sonntagsanzugs__rmel		
6.	Blaubeerstr__cher		
7.	Abrissgeb__de		
8.	Grapefruits__fte		

4.5 Die drei s-Laute

Erinnere dich

Es gibt drei verschiedene Schreibweisen des s-Lautes: s – ss – ß

S-Laute

S-Laute können auf unterschiedliche Weise geschrieben werden. Man unterscheidet zwischen stimmhaften (weichen) s-Lauten und stimmlosen (harten) s-Lauten.

1. **Stimmhafte s-Laute:**

a) Häu-**s**er, Grä-**s**er, Ha-**s**e, be-wei-**s**en
Das „s" in diesen Wörtern wird **„summend"** ausgesprochen.
Du erkennst es, wenn du deine Hand an den Hals legst und dieser leicht vibriert. Ebenso steht das „s" zu **Beginn einer Silbe.**

b) Häu**s**er – Hau**s**, Grä**s**er - Gra**s**, bewei**s**en – Bewei**s**
Wird ein Wort mit einem einfachen (summenden) „s" geschrieben, dann werden auch alle **mit ihm verwandten Wörter mit** <s> geschrieben.

2. **Stimmlose s-Laute:**

Das „s" in diesen Wörtern wird in beiden Fällen **„zischend und scharf"** ausgesprochen.

a) Fü-**ß**e, flie-**ß**en, wei**ß** (wei-**ß**e), So-**ß**e
Der s-Laut steht zu Beginn oder am Ende einer Silbe.
Er steht nach einem langen Vokal (a, e, i, o, u) oder einem Zwielaut (au, eu, ei, ie, äu …).

b) Kla**s-s**e, Fa**ss** (Fä**s-s**er), hä**ss**lich, Ro**ss**
Er wird oft beim Silbieren getrennt. (Suche verwandte Wörter!)
Er steht immer nach einem kurzen Vokal.

Spitze die Ohren und sprich die Beispielwörter laut und deutlich vor dich hin, denn das Hören hilft dir, auf die richtige Schreibweise zu kommen.

1 **Übertrage die Tabelle in dein Heft und ordne die Wörter richtig ein. Sprich dabei laut und deutlich mit.**

s 	ß 	ss 
Mäu-se	Stra-ße	Was-ser

begrü en   ha en   hei en   Na e   gie en

entschlie en   auslo en   pa ieren   sprie en

gebi en   sü   bei en   pa en   Ho e

ka ieren   Gewi en   Streu el   Wie e   schlie en

verbe ern   Hufei en   Spä e   geschlo en

Glä er   le en   anfa en   Getö e

intere ieren   sto en

2 Suche zu den Wörtern jeweils zwei verwandte Wörter, die beweisen, dass der s-Laut summend gesprochen wird.

Wort	Verwandte Wörter	
das Glas	*Glä-ser*	*glä-serne*
er rast		
der Preis		
sie bremste		
mies		
dies		
der Kreis		
sie verreist		

3 „ss“ oder „ß“: Welche Regel gilt für das stimmlose „s“? Schreibe die Regelnummer 2a oder 2b in die Klammer dahinter.

1. wi___en ( )	2. Fu___ ( )	3. grö___er ( )
4. Gefä___ ( )	5. bla___ ( )	6. grü___en ( )
7. scheu___lich ( )	8. Ka___e ( )	9. es fri___t ( )
10. er bei___t ( )	11. Flei___ ( )	12. ha___en ( )

4.6 Doppelkonsonaten: „ck“ und „tz“

Erinnere dich

Die Buchstaben *a, e, i, o, u* sind Vokale (Selbstlaute), alle anderen Buchstaben sind Konsonanten (Mitlaute).

Tipp

Um zu entscheiden, ob ein Wort mit einem Doppelkonsonanten, mit *ck* oder *tz* geschrieben wird, ist es oft hilfreich, den vorausgehenden Vokal unter die Lupe zu nehmen und zu erkennen, ob er kurz gesprochen wird.

1 Kurze Vokale erkennen und markieren

1. Du kannst hören, ob ein Vokal kurz oder lang ist. Sprich die Wortpaare laut und deutlich vor dich hin und kreise jeweils das Wort ein, in dem der Vokal kurz gesprochen wird.

Ratte - raten	wen - wenn	füllen - fühlen
Maß - Mast	stellen - stehlen	still - Stil
Nase - nass	Bett - beten	Lippe - lieb
lahm - Lampe	Nest - Nebel	viel - Filz

Vokal-Konsonant-Folge

Auf einen kurzen Vokal folgen meist zwei Konsonanten. Das können verschiedene, aber auch zwei gleiche sein.

2. Markiere die Konsonanten nach jedem kurz gesprochenen Vokal farbig.

Sommer *Mittagspause* *Wasserball* *Raststätte*

Klassenzimmer *schwimmen* *schwitzen* *packen* *Hitze*

Wackelpudding *Zelt* *denken*

3. Lasse dir die Wortreihen (1 – 6) möglichst von jemandem vorlesen und notiere mit Symbolen, ob die Vokale kurz (Symbol: Punkt) oder lang (Symbol: Strich) sind.

Beispiel: *Rasen* *Hass* *Ast* *Bass* *Gras* _ . . . _

a) Matte - satt - nah - Saat - Tasse - Bar:
b) leer - Bett - legen - besser - Beet:
c) Mist - Zwirn - Dieb - viel - lieb:
d) Rost - Moos- Boot - Boss - Lob:
e) Fuß - Kuss - Suppe - nur - Spur:

f)     

Doppelkonsonanten

Doppelkonsonanten

- Folgt auf einen kurzen betonten Vokal nur ein hörbarer Konsonant, so wird dieser meist verdoppelt (Beispiel: *Matte, Stimme, Kuss*).
- Folgen auf einen kurzen betonten Vokal mehrere verschiedene Konsonanten, so wird keiner von ihnen verdoppelt (Beispiel: *Rast, Zelt, Punkt*)
- Auf einen langen Vokal folgt meist nur ein Konsonant.

2 Mit oder ohne Doppelkonsonant? Prüfe dazu die Anzahl der verschiedenen Konsonanten nach dem kurzen Vokal.

Pi ____ areze ____ t (Z/P) für Su ____ enka ____ per (P/S)

Du brauchst fün ____ hu ____ dert (F/N) Gra ____ (M) Mehl, ein Päckchen Trockenhefe, eine Prise Zucker, einen E ____ lö ____ el (S/F) Sa ____ z (L), einen Viertelliter lauwarmes Wa ____ er (S) und einen Schu ____ (S) Olivenöl.

Gib zuerst das Mehl, die Hefe, das Sal ____ (Z) und den Zucker in eine Schü ____ el (S) und vermische a ____ e (L) Zutaten. Schü ____ e (T) da ____ (N) langsam das lauwarme Wa ____ er (S) und zum Schlu ____ (S) das Öl dazu u ____ d (N) knete den Teig einige Minuten gut durch. Ste ____ e (L) ihn an einen warmen O ____ t (R) und la ____ e (S) ihn dort gehen, bis sich seine Größe verdo ____ elt (P) hat. Ro ____ e (L) den Teig da ____ (N) flach aus und bestreiche ihn mit Tomatensauce. Belege ihn mit Salami, Schi ____ ken (N), Pi ____ zen (L), Oliven oder anderen Dingen, die du gerne isst. Streue zuletzt geriebenen Käse darüber und backe die Pizza bei 180 Grad im vorgeheizten Ofen.

Erinnere dich

Im Deutschen gibt es kein Doppel-k (kk) und kein Doppel-z (zz)
Stattdessen schreiben wir:

- ck: Hecke, schicken, dick ...
- tz: Katze, sitzen, witzig ...

Und was ist mit Pizza?

Pizza ist ein italienisches Wort, das wir übernommen haben.

Sonderfälle: ck oder k? tz oder z?

Nach einem lang gesprochenen Vokal schreiben wir „z“ oder „k“. Diese Wörter sind aber selten: Haken, Luke, ...

Nach einem kurz gesprochenen Vokal wird der Laut „k“ meist zu -ck, der Laut „z“ meist zu -tz.

ABER: Wie bei den anderen Doppellauten gilt auch bei -ck und –tz:

Folgen auf den kurzen Vokal mehrere verschiedene Konsonanten (also z/k und noch ein anderer Mitlaut), steht nur ein einzelnes „z“ oder „k“! Dies kommt aber selten und vor allem in Kombination mit einem l, m, n oder r vor:

Eselsbrücke: Nach *l, m, n, r,* das merke ja, steht nie *tz* und nie *ck*!

Beispiele: *Quark, Mark, Bank, Park, merken, krank, Schrank, Henker; kurz, März, Herz, Scherz, Pilz, Kranz, ganz, stürzen, Gewürz*

3 **Setze die fehlenden Buchstaben ein.**

„k“ oder „ck“?		„z“ oder „tz“?	
Kran heit	dru en	Scha	pu en
Geme er	trin en	Wur el	fli en
Hen er	verwel en	Stur	Spri e
Bä er	Nel e	Gewür	Matra e
Zwe	Stü e	Spa	stür en
Gestan	Perü e	Schmu	War e
De e	win en	Hefepil	Har

4.7 Dehnung: stummes „h“, langes „i“, Verdopplung von Vokalen

Das stumme „h“

Nach einem langen Vokal kann ein stummes „h“ stehen. In manchen Fällen wie bei „er steht“, „er geht“ oder „er sieht“ kannst du durch Verlängern (Infinitiv bilden!) das „h“ hörbar machen: „ge-hen“, „ste-hen“, „se-hen“. Manchmal hilft es auch, den Plural zu bilden: „das Reh – die Rehe“, „der Zeh – die Zehen“.
Die meisten Wörter mit Dehnungs-h musst du dir aber einprägen.

Allerdings gilt: Gleiche Wortstämme schreibt man meist gleich.
So kannst du von einem Wort die Schreibweise der verwandten Wörter herleiten:
fühlen, das Gefühl, fühlbar, einfühlsam, ...
Häufige kleine Wörter mit Dehnungs-h:
sehr, mehr, ohne, ihn, ihr, wohl, allmählich, während, zehn, beinah

Arbeite bei den Übungen 1 bis 3 mit dieser Wörterliste:

kühlen	wohnen	früh	gähnen	kühl	führen	kehren
wählen	fahl	gefährlich	Stuhl	stehen	Schuh	hohl
fahren	Ohr	Uhr	fühlen	Zahl	Verkehr	sehen
Fehler	Gefahr	blühen	Bahn	zahm	Zahn	Hahn
bohren	ehrlich	Sohle	Lehrer	zahlen	Sohn	Kohle
stehlen	Bohne	Rahm	Lohn	glühen	Ruhm	wahr
nehmen	fehlen	Kehle	Lehm	gehen	zählen	Mühle
lahm	berühmt	ahnen	ähnlich	verzehren	wühlen	

1 Suche zu diesen Wörtern je ein Reimwort aus der Liste:

fühlen sehen Zahn lahm blühen Lohn stehlen

2 Übertrage die Tabelle in dein Heft, sortiere die Wörter aus der Wörterliste nach der Wortart und markiere das stumme „h“ farbig.

Nomen mit Artikel	Verben	Adjektive

3 Suche zu fünf Verben deiner Wahl mindestens je drei verwandte Wörter.

Beispiel: *fahren: das Fahrrad – die Fahrbahn – die Fahrt – die Erfahrung – fahrlässig – ...*

4 Schreibe drei Unsinnssätze auf, in denen du möglichst viele Wörter mit „h“ verwendest.

Beispiel: *Meine Schuhsohle glühte, nachdem ich mit meinem Fahrrad fahrlässig früh zur Hauptverkehrszeit gefahren war und erst gefährlich knapp vor der Straßenbahn zum Stehen kam.*

Wörter mit langem „i“

▶ ie

Viele Wörter mit langem „i“ werden mit -ie geschrieben.
Viele Verben haben die Endung -ieren:
verlieren, kapieren, spazieren, …

▶ i

Nur wenige Wörter mit langem „i“ werden nicht mit -ie, sondern nur mit -i geschrieben:
wir, mir, dir, gib, Tiger, Igel, Kaninchen, Krokodil, Maschine, Margarine, Violine, Apfelsine, Petersilie, Kilo, Familie, Musik, Klima, Fabrik, prima, Linie, Kino, Stil, …

▶ ih

Nur einzelne Wörter schreibt man mit –ih. Diese kommen aber sehr oft vor:
ihm, ihr, ihn

▶ ieh

Bei den Verben *sehen, geschehen, ziehen, stehlen* und *empfehlen* gibt es eine Besonderheit. Manche Personalformen werden mit -ieh geschrieben!
Diese musst du dir merken:
er sieht, es geschieht, sie zieht, …

5 Setze die Wörter mit langem „i“ richtig ein.

vielen *Wiese* *schließt* *die* *lieblichen* *hier* *Lied*
ihre *sieht* *neugierig* *stibitzen* *Spaziergang* *niedlichen*
riechender *gezielten* *Dieb* *zufrieden* *die* *friedlichen*
Bienen *genießt* *schließlich* *lieber* *Biestern*
widerwärtigen *beschließt* *liegt* *Bienenstock* *Biber*

Der Biber l ______ auf der W ______ und g ______ gerade den f ______ , stillen Morgen. Er s ______ d ______ Augen und lauscht dem l ______ L ______ einer Meise. „H ______ lässt es sich aushalten", denkt er gerade z ______ , als er plötzlich von einem w ______ Lärm gestört wird. Ein übel r ______ Iltis hat bei seinem S ______ seine Schnauze n ______ in den B ______ gesteckt, um Honig zu s ______ . Doch da werden die n ______ Bienen zu bissigen B ______ und starten einen g ______ Angriff auf den D ______ , um i ______ Vorräte zu verteidigen. Der B ______ s ______ , dass der Iltis Hilfe braucht, und lenkt d ______ B ______ ab, bis sich der Iltis s ______ in Sicherheit gebracht hat. „ V ______ Dank, l ______ Biber", der Iltis verbeugt sich und b ______ , in Zukunft vorsichtiger zu sein.

6 Schreibe zu jedem der Verben mit „ieren" einen kurzen Satz.

Beispiel: *Er betonierte seinen Keller.*

buchstabieren *probieren* *gratulieren* *trainieren* *spazieren,*
fotografieren *reparieren* *passieren* *informieren* *qualifizieren*

7 Konjugiere die Verben im Präsens.

Beispiel: *ziehen: ich ziehe – du ziehst – er zieht – wir ziehen – sie ziehen – ihr zieht – sie ziehen*

stehlen: ich stehle – ...
sehen: ich ...
empfehlen: ...

Doppelvokale: „aa“, „ee“ und „oo“

Nicht immer zeigt ein stummes „h“ an, dass ein Vokal lang gesprochen wird. Manche Wörter haben auch einen Doppelvokal: Meer, Moor, Staat, ... Davon gibt es aber nicht allzu viele, sodass du sie dir mit der Zeit einprägen kannst.
Im Deutschen gibt es kein Doppel-u oder Doppel-i (~~uu~~ oder ~~ii~~).

Andere Wörter mit lang gesprochenen Vokalen wiederum kommen ohne beides aus: *Gras, Nase, Rose, toben, ...*

Diese Wörter musst du dir einfach merken.
aa: *Staat, Haar, Aal, Waage, paar, Paar, Saat, Saal*
ee: Beere, leer, Armee, Meer, See, Kaffee, Beet, Schnee, Klee, Fee, Tee, Teer
oo: doof, Moor, Moos, Zoo, Boot

8 Sortiere die Merkwörter aus dem Kasten nach dem Alphabet.

9 Schreibe einen kurzen Unsinnstext, in dem alle Wörter vorkommen.

4.8 Zeichen richtig setzen

Erinnere dich

Auf einen Blick – die Satzzeichen:

;	Semikolon	:	Doppelpunkt
,	Komma	.	Punkt
!	Ausrufezeichen	?	Fragezeichen
...	Auslassungspunkte	/	Schrägstrich
'	Apostroph	( )	Klammer
–	Gedankenstrich	„“	Anführungszeichen

Erinnere dich

Beim Sprechen hörst du ganz deutlich, ob dein Gesprächspartner dir einen Sachverhalt erzählt, du etwas gefragt oder von ihm zu etwas aufgefordert wirst.

Satzarten und Satzschlusszeichen

Was man beim Sprechen noch recht einfach unterscheiden kann, ist beim Lesen und Schreiben schon schwieriger. Damit wir wissen, wie etwas in einem Text gemeint ist, brauchen wir die Satzschlusszeichen. Diese sind **der Punkt, das Fragezeichen** und **das Ausrufezeichen.**

Dementsprechend unterscheiden wir drei Satzarten.

- Mit einem **Aussagesatz** spricht man, erzählt oder antwortet auf etwas. Das Verb steht dabei an der zweiten Stelle der Satzglieder im Satz.
  Beispiel: *Am Mittwoch geht Lisa immer zum Training.*

- Mit einem **Fragesatz** fragt man nach. Oft werden Fragen mit einem Fragewort *(z. B. wo, warum, weshalb, wohin, wie, welche, ...)* eingeleitet. Das Verb steht dann an der zweiten Stelle im Satz.
  Beispiel: *Wie geht es dir heute?*
  Manchmal steht aber das Verb an erster Stelle.
  Beispiel: *Geht es dir heute gut?*

- Mit einem **Ausrufesatz (Aufforderungssatz)** bittet man um etwas oder befiehlt etwas (Befehlssatz). Man kann auch sein Erstaunen oder einen Wunsch auf diese Weise ausdrücken.
  Das Verb steht in einem Befehlssatz an erster Stelle.
  Beispiel: *Geh mal weg da!*

1 Setze das richtige Satzschlusszeichen ein.

4. Nun beißt er
in den Hut hinein
Ob ihm das schmeckt

1. Guck doch mal
Ist das nicht
ein putziges Äffchen

3. Der Mann
hat noch gar nicht bemerkt,
dass sein Hut fehlt

2. Das glaub ich nicht
Jetzt hat sich der Affe einen
Hut geschnappt

5. Jetzt erkennt der Mann
seinen Hut
Was er wohl macht

Affe: Pfui, ich bleibe bei
Bananen

2 **Formuliere aus den vorgegebenen Wörtern Sätze (insgesamt 9). Die Satzzeichen geben dir die jeweils gefragten Satzarten vor.**

1. Basketball – spielen – Sportplatz	?	.	
2 putzen – Limonadenreste – Fete – Wischmopp	!	?	.
3. Hausaufgaben – erledigen – Schule	?	!	
4. Urlaubsreise – Koffer – auspacken – Wäsche	.	!	

3 **Überlege dir ein Gespräch zwischen Lehrer und Schüler zu dem folgenden Thema: „Ausrede für vergessene Turnsachen in der Sportstunde". Jede Satzart soll mindestens zwei Mal darin vorkommen.**

Test

1 Suche jeweils ein verwandtes Wort oder verlängere und entscheide, ob es mit b/p, d/t, g/k oder sogar ch geschrieben wird.

1. schä__li__ –
2. anfan__s –
3. Vertrie__ –
4. niedli__ –
5. erfol__reich –
6. höfli__ –
7. fetti__ –
8. mer__würdi__ –
9. run__li__ –

2 Findest du in diesen SMS die Fehler in der Groß- und Kleinschreibung?

1. Hab Dich ganz doll lieb.
2. Muss Neuerdings immer an dich denken.
3. Die neue in der Klasse ist richtig Süß.
4. Kommst du nachher mit zum reiten?
5. Bei Tim ist Heute Party angesagt.
6. Bin ab Mittags dann bei Kalle.
7. Alles liebe zum Geburtstag!

3 **Setze die fehlenden Buchstaben s-ss-ß in den Postkartentext ein.**

Dü___eldorf, 5. Februar 2008

Lieb___te I___abell,

ein herzliches „Helau" und „Grü

Gott" aus dem Karneval. Obwohl

das Wetter mei___t mie___i___t, haben

wir hier rie___igen Spa___.

Na___e Fü___e und ei___kalte Na___en

halten un___ nicht vom au___giebigen

Feiern ab. Schade, da___ du nicht

mit dabei sein kann___t. Ich hoffe, du

lern___t flei___ig zu Hau___e.

Gru___ und Ku___

dein Mike

4 **Löse das Kreuzworträtsel (s-Laute, Ableiten, Verlängern)**

1. Hier bekommt man an der Tankstelle Benzin.
2. Sie können flach oder spitz zulaufen, besitzen einen Kamin und Ziegel.
3. Hier bezahlt man seine Waren.
4. Die schwören Brautpaare bei der Eheschließung bis in alle Ewigkeit.
5. Hierin lagert ein edler Tropfen aus Trauben.
6. Sie werden zu besonderen Anlässen eingeladen.
7. Diese werden am Tatort von der Polizei gesucht.
8. Sie bringt Wanderer auf hohe Gipfel.
9. Elefant und Schwein besitzen einen.
10. In diesem Gebäude lagern Stroh, Heu und mancherlei Geräte.

11. Das Gegenteil von eckig.
12. Typisch deutsch sind diese lustigen Gesellen mit weißem Bart.
13. Nicht einfarbig!
14. Pause gefällig? Dann fährt man hier auf der Autobahn raus.

5 Kreise das richtige Satzschlusszeichen ein.

1. Kalle und Rosa waren gestern im Kino	.	!	?
2. Kommst du morgen mit zum Fußballspielen	.	!	?
3. Das geht dich nichts an	.	!	?
4. Bitte rufen Sie mich morgen noch mal an	.	!	?
5. Weißt du schon das Neueste	.	!	?

Besser in Deutsch
Lösungsheft
Realschule

5. Klasse

Cornelsen
SCRIPTOR

1 TEXTE SCHREIBEN

1.1 Einen privaten Brief verfassen

Übung 1

1 Ort und Datum
2 Anrede
3 Brieftext
4 Grußformel
5 Unterschrift
6 PS (Postskriptum)

Übung 2

Rot: „Wie geht es dir?"
Gelb: von „Mir geht es in Holland richtig gut." ... bis ... „Dann können wir bald zusammen in See stechen – das wäre doch spitze."
Grün: „Schaust du mal nach den Anmeldeunterlagen? Lass was von dir hören!"

Übung 3

Einzukreisen sind: dir, dir, du (groß, da Satzanfang), dein, du, du, dir, dein, eurer

Übung 4

Anrede	Grußformel
Hi, Anna Guten Morgen, meine Liebe! Hallo, Paul Lieber Onkel Fritz Liebste Maria	Auf bald Sei herzlich gegrüßt Tschüs Gruß und Kuss Alles Liebe Liebe Grüße Herzlichst Ciao, dein Freund Mario

1.2 Beschreiben

Die Tierbeschreibung

Übung 1

Das grau-schwarze Kaninchen mit den ganz langen Haaren. (rechts unten)

Übung 2

wunderschön, glänzendes, seidig weiches, graues, schwarzen, rundlichen, lang, breiten, kurz, langen, tiefschwarzen, langen, dünnen, wuscheligen, putziges, schneeweißes, unglaublich langen

Übung 4

rot:
- Toffi, Weibchen, 1 ½ Jahre
- hatte schon einmal vier Junge
- seit 3 Monaten im Tierheim
- etwas ängstlich, aber verspielt
- knabbert manchmal etwas an

blau:
- frisst morgens Trockenfutter (aber wenig)
- viel Heu und frisches Wasser
- Grünfutter (Löwenzahn, Möhren, Sellerie, ...)

grün:
- Fell/Krallen müssen gepflegt werden
- großer Käfig
- Bewegung: Freilauf im Garten
- Einstreu aus Stroh und Holzspänen
- regelmäßige Kontrolle von Krallen/Zähnen/Augen
- Impfungen (Tierarzt)
- Abwechslung (Spielzeug, Röhren, Sandkiste)

1.3 Erzählen

Übung 1

Lösungsvorschläge:

1. ausführlich
2. Einzelheiten
3. lebendig
4. Es wird meist nicht im Präsens (Gegenwart) erzählt; der Satzbau ist oft aufgelockert; Erzähler kommen schon mal ein wenig vom Thema ab.

Übung 2

Reihenfolge der Bilder:

4 - 3 - 5 - 1 - 2

2. *Lösungsvorschläge*

Bild 1: Die Suche nach dem Weihnachtsbaum
Bild 2: Winterfütterung der Waldtiere
Bild 3: Auf nach Hause!/Der Heimweg
Bild 4: Unerwarteter Besuch/Gäste von auswärts
Bild 5: Ein rauschendes Fest/Weihnachtsabend mit tierischen Freunden

3.
- Der Vater hält zur Feier eine Festtagsrede. (5)
- Vater fällt am Waldrand den Tannenbaum. (2)
- Der Tannenbaum ist festlich geschmückt. (5)
- Der Sohn streut Futter aus. (1)
- Vater und Sohn gehen zufrieden Hand in Hand. (3)
- Ein prächtiger Tannenbaum. (1)
- Beide sind verwundert und überrascht, als sie sich umdrehen. (4)
- Sohn streut noch mehr Futter auf den Schnee. (2)
- Vater und Sohn überlegen, was sie machen sollen. (4)
- Fest verschnürt trägt Vater den Baum. (3)
- Der Förster erteilt die Erlaubnis zum Fällen eines Baumes. (1)
- Vater und Sohn kommen zu Hause an. (4)
- Vater und Sohn sind überglücklich an der Festtafel. (5)

4. *Lösungsvorschläge:*

Bild 1: Ein Häschen wird angelockt
Bild 2: Noch mehr Tiere kommen/Vögel und andere Wildtiere holen sich Futter
Bild 3: Die Tiere folgen Vater und Sohn unauffällig
Bild 4: Die Tiere warten vor der Eingangstür/Die Tiere schauen erwartungsvoll Vater und Sohn an.
Bild 5: Ein Hase wird vom Sohn gekrault/Das Reh sitzt am Boden/Alle Tiere sitzen um den Tisch und feiern

5. a) 2 Personen: Vater und Sohn + die Waltiere
   b) am Waldrand und zu Hause
   c) an Heiligabend
   d) Der Vater findet einen Baum, er fällt ihn, bindet ihn zusammen und geht Hand in Hand mit seinem Sohn nach Hause. Dort dreht er sich um, ist erstaunt und überlegt. Schließlich sitzt er am Tisch und hält glücklich eine Rede.
   e) Er geht mit dem Vater in den Wald und lockt ein Tier nach dem anderen an. Dann geht er Hand in Hand mit seinem Vater nach Hause, dreht sich um, ist auch erstaunt und feiert, einen Hasen kraulend, am großen Tisch das Weihnachtsfest.

Zu den Seiten 14–20

f) Die Tiere werden durch das Futter des Sohnes eines nach dem anderen angelockt. Es schmeckt ihnen lecker. Sie haben Hunger und folgen den beiden freundlichen Menschen unauffällig. Sie hoffen, noch mehr Futter zu bekommen.

6. Weihnachten mal anders - Heiligabend mit besonderen Gästen

Die Einleitung und der Schluss

Übung 1

Einleitung: Vater und Sohn machen sich Gedanken über das Weihnachtsfest und bereiten alles vor. Dabei merken sie, dass sie noch keinen Baum haben, und ziehen los.

Schluss: Die Tiere verabschieden und bedanken sich. Sie beschließen, sich alle wiederzusehen.

Übung 2

Lösungsvorschlag:

Es war vormittags vor Heiligabend. Draußen lag eine Menge Schnee und es sollte endlich mal wieder weiße Weihnachten geben. Vater und Sohn räumten gerade den Christbaumschmuck aus dem Keller ins Wohnzimmer, als sie bemerkten, dass sie noch gar kein Bäumchen zum Schmücken hatten. ...

Im Hauptteil lebendig und spannend erzählen

Übung 1

Satzanfänge: plötzlich, auf einmal, doch, dann, nach endlos langer Zeit, sofort, in diesem Augenblick, endlich, mit einem Mal, trotzdem, kaum, dort

Verben: zittern, schaudern, frieren, erstarren, flüstern, atmen, pochen, näherkommen, hören, knistern, rascheln, klopfen, tasten, balancieren, zischen, schwitzen, suchen, irren, öffnen

Adjektive/Adverbien: dunkel, schaurig, ängstlich, hastig, atemlos, zitternd, ratlos, hilflos, erschrocken, allein, tapfer, mutig, merkwürdig, leise, alt, heruntergekommen, verwittert, brüchig, glitschig, eklig, unheimlich

Übung 3

Lösungsvorschlag:

das alte, abgenutzte, dunkelblaue Sofa
die fettigen, kurzen, strähnigen, lockigen Haare
der lustige, liebevolle Blick
die elegante, sportliche, untersetzte Figur
der drahtige, sportliche, große Mann
das auffällige, dunkelblaue, abgenutzte, alte Fahrrad
das auffällige, ärmellose, geblümte Hemd
das laute Geschrei
der undurchdringliche, dunkle Wald

Übung 4

Lösungsvorschlag:

1. Gestern haben wir uns in der Schule zu einem Klassennachmittag getroffen.

2./3. Die Eltern hatten Getränke und Kuchen besorgt und unsere Klassensprecher hatten die Spiele vorbereitet.

4. Zuerst hat unser Klassenlehrer den nächsten Klassenausflug besprochen.
5. Dann haben wir uns über den Kuchen hergemacht.

6./7./8. Als wir das weitere Programm besprochen haben, wollten die Jungen in die Sporthalle, die Mädchen dagegen hatten vor, das Klassenzimmer zu verschönern.

Übung 5

1. „Psst!" **flüsterte** Timo, als er unseren Lehrer um die Ecke biegen sah, und versteckte sich.
2. Der Hausmeister **schimpfte:** „Wer macht denn hier wieder so einen Lärm?"
3. „Zu Hilfe", **schrie** Frau Maier und rettete sich vor der Maus auf einen Stuhl.
4. „Tri, tra, trallala", **sang** ich gut gelaunt.
5. „Das ist ja eine schöne Bescherung!", **rief** Mama, als sie das Chaos entdeckte.

Übung 6

1. Mit meinen Winterstiefeln **stapfte** ich mühsam durch den tiefen Schnee.
2. Hannes **flitzte/raste/rannte** schnell wie der Blitz auf und davon.
3. Vorsichtig **balancierte** ich auf dem schmalen Balken.

4. Die Katze **schlich** auf leisen Pfoten durch das Gebüsch.
5. Gemächlich **schlenderte/bummelte** ich die Straße entlang.

Übung 7

sagen: sprechen, lügen, flüstern, schimpfen, schluchzen, stammeln, schwören, rufen, brüllen, ...
gehen: schleichen, stampfen, stapfen, rasen, rennen, laufen, sprinten, bummeln, trödeln, humpeln, hinken, ...

Übung 8

Lösungsvorschlag:

1. David und Silas haben so wild mit dem Ball gespielt, dass die Deckenlampe kaputtging.
   Da die Deckenlampe kaputt war, war es zu dunkel, um mit dem Ball zu spielen.
   Da sie beim letzten Mal die Deckenlampe kaputtgemacht hatten, durften sie nicht mehr mit dem Ball spielen.
2. Obwohl ich gründlich geübt hatte, machte ich viele Fehler.
3. Ich war ganz unkonzentriert bei der Arbeit, weil ich schlecht geschlafen hatte.
4. Unter der Bedingung, dass wir die Mädchen mitspielen ließen, hatte der Lehrer das Fußballspielen erlaubt.
5. Alena hatte gut gelesen, aber einige Fehler gemacht.
6. Gerade als wir den letzten Satz lasen, ertönte der Gong.
7. Während alle arbeiteten, saß der Lehrer vorn und las Zeitung.
8. Weil sie dauernd gestört hatte, teilte ihr unsere Klassenlehrerin einen anderen Platz zu.

Übung 9

1. In dem Moment, **als** ich die Haustür hinter mir zuzog, fing es an zu regnen.
2. Ich beeilte mich, **weil** ich spät dran war.
3. **Obwohl** es erst vier Uhr war, wurde es bereits dunkel.
4. Ich schützte mich vor dem Regen, **indem** ich dicht an den Hauswänden entlanglief.
5. **Während** ich an der Ampel wartete, überquerten viele Passanten bei Rot den Fußgängerüberweg.
6. ch hatte mich so beeilt, **dass** ich völlig außer Puste war.

Übung 10

Ein ganz alltäglicher Morgen?
Als mich meine Mutter am Montag weckte, hätte ich mir am liebsten die Decke über den Kopf gezogen und wäre im Bett geblieben. **So müde war ich noch!** Aber Mama war unerbittlich. **„Aufstehen, mein Sohn!“, rief sie gut gelaunt.** Schlaftrunken stolperte ich in Richtung Bad und klatschte mir kaltes Wasser ins Gesicht. Geistesabwesend zog ich mir in meinem Zimmer den Pullover und die Hose an. **Mist! Wo hatte ich gestern nur den zweiten Socken hingeworfen?** Ich krabbelte unter mein Bett, sah aber nichts außer dicken Staubflocken. Da fiel mein Blick auf Hassos Körbchen, wo zwischen Bällen, Schweinsohren und einem Gummiknochen mein Socken hervorlugte. **Natürlich völlig zerfetzt!** „Mama!“, brüllte ich empört. **„Was ist denn, mein Schatz?“, flötete Mama** und konnte sich ein Grinsen nicht verkneifen. In diesem Moment sah ich auf meinen Wecker. **Was war das denn?** Fünf Uhr dreißig!
Mama strahlte mich an und sagte: „April, April!“

Test

Übung 1

1. Ihnen 2. eure 3. dich
4. sie 5. Ihnen, Ihr 6. Sie 7. Sie, Ihnen

Übung 2

z. B. braun-weiß gefleckt, wuschelig, weich, langhaarig, spitzohrig, feuchte Schnauze, treu, kurzer Schwanz, folgsam, ungezogen, wild, verspielt, ängstlich, draufgängerisch, fit, quietschfidel, kerngesund, ...

Übung 3

Höhepunkt → grau hinterlegt
Elemente, die die Spannung steigern und die Erzählung lebendig machen → unterstrichen

Der Zeltplatzschreck

Vergangenes Wochenende war herrlichstes Wetter. Mein Bruder Lasse und ich schnappten unser Zelt und ließen uns von Papa auf den kleinen Zeltplatz am See fahren.
Da es noch früh im Jahr war, waren wir die einzigen Camper, welche die erste warme Frühsommernacht im Freien verbringen wollten. Der Platzwart ließ uns freie Wahl, an welcher Stelle wir unser Igluzelt aufschlagen wollten. Wir suchten uns einen sonnigen Platz ganz in der Nähe des kleinen Badestrandes aus und verbrachten den Nachmittag mit Lesen und Federballspielen. Lasse traute sich sogar ins Wasser. Ich nicht, mir war das viel zu kalt. Gegen Abend kam der Platzwart und teilte uns mit, dass er jetzt seinen Kiosk schließen würde. Für den Notfall zeigte er uns hinter der Bude ein Münztelefon, an welches er seine Telefonnummer heftete. Hier sollten wir anrufen, falls wir in der Nacht Hilfe benötigten. Mir war nicht ganz wohl zumute, als wir abends vor unserem Lagerfeuer saßen und unsere Würstchen aßen. Ganz allein auf einem Zeltplatz! Langsam schoben sich dunkle Wolken vor die Abendsonne und der auffrischende Wind peitschte schon die Wellen ans Ufer. Gegen halb neun Uhr war es bereits ungewöhnlich dunkel. Mit der Taschenlampe bewaffnet, stapften wir gemeinsam zum Waschhäuschen. Igitt – es kam nur eiskaltes Wasser. Aber wahre Camper kennen keinen Schmerz und so stellten wir uns zähneklappernd unter die Dusche.
War ich froh, als wir endlich in unseren warmen Schlafsäcken lagen! Draußen braute sich ein Gewitter zusammen. Die ersten Tropfen fielen mit lautem „Pong" auf unser Zeltdach und ohne Lampe sah man seine Hand nicht mehr vor Augen. Der Wind wurde stärker und stärker und heulte mit lauten „Hui" zwischen den Bäumen. Äste knackten und Tannenzapfen prasselten auf die Erde. Innerhalb kürzester Zeit war es stockfinster. Ich rutschte ganz tief in meinen Schlafsack. Auf einmal hörten wir ein seltsames Geräusch. Ich zuckte zusammen. „Was war das?", fragte ich mit zitternder Stimme meinen Bruder. Doch Lasse lag mit weit aufgerissenen Augen in seinem Schlafsack und starrte auf das Fußende. Ganz langsam näherte sich auf Bodenhöhe ein rötlich leuchtendes Licht.
Dumpfes Pochen, Schmatzen und Rascheln begleiteten das immer größer werdende Leuchten. Mir lief es eiskalt den Rücken hinab. Schweiß stand mir auf der Stirn und ich zog die Kapuze meines Schlafsackes fast ganz zu. Urplötzlich hörte das Geräusch auf, doch das Licht war stärker als je zuvor, aber es bewegte sich nicht mehr. Doch da – „ratsch" – der Reißverschluss unseres Zeltes wurde aufgezogen. „Nein!", dachte ich. Eine Hand schob sich vorsichtig herein und bekam mich am Fuß zu fassen. Ich schrie und richtete mich kreidebleich auf. Herein schaute der besorgte Platzwart. „Alles in Ordnung bei euch? Euer Zelt steht etwas schief da und zwei Heringe haben sich schon gelöst." Fassungslos starrten wir ihn an. Er erzählte, dass er uns, nachdem das Gewitter aufgezogen war, doch nicht allein lassen wollte und die Nacht im Kiosk verbringen würde. Dann wünschte er uns noch eine erholsame Nacht und stapfte mit seiner roten Sturmlaterne zurück zum Kiosk. Wir schliefen trotz Sturm wie die Murmeltiere und verbrachten noch den ganzen nächsten Tag zusammen mit dem Platzwart Willi auf dem Zeltplatz.

Am Ende versprachen wir Willi, nächstes Wochenende wiederzukommen – egal wie das Wetter sein würde.

2.1 Genaues und schnelles Lesen trainieren

Übung 3

Wie so oft kam mein Vater auch heute zu spät nach **Hause.**	
Beim letzten Familienfest hatte ich viel zu viel **gegessen.**	
Hans und Peter gingen in diesen Sommerferien so oft es ging ins **Freibad.**	
Natürlich hatte ich meine Hausaufgaben in Englisch mal wieder **vergessen.**	
Weil es schon spät war, rief ich meine Mutter an, um ihr Bescheid zu **sagen.**	
Obwohl wir so hart trainiert hatten, verloren wir das Handballspiel **haushoch.**	
Meistens war unsere Katze sehr friedlich, doch bisweilen rastete sie **aus.**	
Ungewöhnlicherweise begann er schon am frühen Morgen zu **lernen.**	
Bei solch einem Krach konnte ich mich unmöglich **konzentrieren.**	
Gerade als ich es mir gemütlich gemacht hatte, klingelte es an der **Haustür.**	

Übung 4

Findefuchs:

– hen: 9x	– ung: 8x	– cks: 4x
– nis: 6x	– heit: 5x	– er: 13x

2.2 Sinnentnehmendes Lesen trainieren

Übung 1

Textsalat: *Amphibien*

Lurche sind wechselwarme Tiere. Das heißt, dass ihre Körpertemperatur nicht wie bei uns Menschen immer gleich ist, sondern von der Temperatur ihrer Umgebung abhängt. Ist es draußen kalt, sinkt auch die Körpertemperatur der Amphibien, wird es wärmer, steigt auch ihre Temperatur an und die Tiere werden aktiv. Im Winter dagegen suchen die Lurche Verstecke auf und verharren dort in Winterstarre. Bei den Amphibien unterscheiden wir zwischen Schwanzlurchen und Froschlurchen. Schwanzlurche haben einen lang gestreckten Körper mit einem langen Schwanz. Ihre Vorder- und Hinterbeine sind gleich lang. Froschlurche dagegen haben einen kurzen, gedrungenen Körper ohne Schwanz. Ihre Hinterbeine sind meist als lange, kräftige Sprungbeine ausgebildet.

Übung 2

Der Mensch ist das am höchsten entwickelte Lebewesen der **Welt.** Vermutlich entwickelte er sich zuerst in der Steppe Ostafrikas vom affenartigen Wesen zum eigentlichen Menschen. Dieser unterscheidet sich von seinen **Ahnen** durch seinen aufrechten Gang, die spärliche Behaarung und das **große Gehirn.** Diese Entwicklung dauerte **Millionen von Jahren.** Durch Knochen- und Werkzeugfunde konnten **Wissenschaftler** die Veränderungen nachvollziehen und beweisen. Sie gaben den unterschiedlich entwickelten Menschen lateinische Namen.
Unsere affenartigen Vorfahren gingen vornübergebeugt und hatten deshalb längere **Vordergliedmaßen.** Sie waren stark behaart, hatten ein kleines Gehirn und **kräftige Kieferknochen,** was man deutlich an der Form des Schädels erkennen kann.

Übung 3

„Hat schon wieder jemand meinen superfeinen Spezialhaarpinsel genommen?", fragt VATER ärgerlich. „Schatz, den suchst du doch jedes Mal", antwortet MUTTER geduldig.
„Du hast ihn in der Werkstatt auf das Fenstersims gelegt." – „Das kann nicht sein, da ist er nicht", schimpft VATER weiter. „Schimpf doch nicht. Sag mir lieber einen Fluss in Italien mit zwei Buchstaben", besänftigt ihn MUTTER – „Po. Aber wie soll ich mich denn hier nur konzentrieren?", protestiert nun LEON. „Raus!", ruft NORA. „Da hat der Vogel recht. Mutter und ich wollen uns unterhalten, da solltest du vielleicht besser in deinem Zim-

Zu den Seiten 35–40

mer arbeiten", schlägt VATER vor, „was machst du überhaupt?" „Ich schreibe einen Aufsatz für die Schule", stöhnt LEON. „Ausfatz!", ruft NORA dazwischen. „ Schatz", bittet MUTTER, „wenn du deinen Pinsel holst, bring mir doch bitte mal das Lexikon aus dem Regal mit. Ich suche einen Laubbaum mit fünf Buchstaben und einem E am Anfang." „ Mach ich sofort", sagt VATER und verlässt das Zimmer. „Aber nun zu dir. Worüber sollst du denn schreiben?", erkundigt sich MUTTER. „Über einen Sonntag im Kreise der Familie." – „Verflixt noch mal, der Pinsel ist ja ganz schwarz und verklebt", beschwert sich Vater lautstark. „Ha, ha", meldet sich NORA zu Wort. „Hat jemand meine neue Wimpernbürste gesehen?", fragt LAURA, „vor fünf Minuten hatte ich sie noch!"

Übung 4

von links nach rechts:
Bello: grüne Hütte, lila Dach
Hasso: rote Hütte, braunes Dach
Max: blaue Hütte, graues Dach
Luna: gelbe Hütte, schwarzes Dach

2.3 Texte unter der Lupe: Methoden zur Texterfassung

Bilder, Überschriften und Absätze

Übung 1

1. Leben in der Arktis
2. Eigene Lösung, z. B. Leben von Tier und Mensch in Eis und Schnee
3. Bild A: die Sonne um Mitternacht
   Bild B: ein Bärenfell und einen Fellanorak
   Bild C: einen Motorschlitten
   Bild D: eine Forschungsstation im Schnee
   Bild E: eine Landkarte
   Bild F: ein Eskimoiglu

Übung 3

Falsch sind Bild A + D.

Übung 4

Der Text ist in 5 Absätze gegliedert.

Übung 5

1E – 2B – 3F – 4C

Übung 6

Lösungsvorschläge:
Inuit mit Hundeschlitten oder Kajak oder Inuit auf der Jagd oder Beutetier + Jäger oder Inuit mit Angel im Boot

Übung 7

Absatz 1: Der Lebensraum der Inuit
Absatz 2: Die Beutetiere der Inuit
Absatz 3: Verwertung der Beutetiere
Absatz 4: *Lösungsvorschläge:* Behausungen/Unterkünfte/Wohnungen der Inuit
Absatz 5: *Lösungsvorschläge:* Das Leben der Inuit heute/Modernes Leben

Schlüsselwörter und Worterklärungen

Übung 1

Absatz 1: Inuit – Arktis – Küstengebiete
Absatz 2: Einklang mit der Natur – jagten – Hundeschlitten – Kajaks
Absatz 3: Eigenbedarf – Nahrung – Vorrat – Kleidung – Bootshüllen und Zelte – Speerspitzen und andere Geräte – Tran

Übung 2

Absatz 4: *Lösungsvorschlag:*
Sommermonate – Landesinnere – Zelte – Iglu – Notfall – quaderförmige Eisblöcke – Winter – Küste – Häuser aus Stein
Absatz 5: *Lösungsvorschlag:*
heute – drastisch geändert – Städte – arbeiten – Motorschlitten – Flugzeuge – so wie früher – bedauern – Kultur der Weißen

Übung 3

Lösungsvorschlag:
Inuit heißt „Mensch". Das Volk lebt in der Polarregion.
Eskimo heißt Rohfleischesser und gilt als Schimpfwort.

Übung 4

1. Kajak: Paddelboot mit Ursprung in der Arktis; wird mit einem Doppelpaddel in Fahrtrichtung schauend, sitzend angetrieben
2. Tran: fettiges Öl, das aus dem Fettgewebe von Meeressäugetieren (Wale, Walrosse, Robben) durch Erhitzen gewonnen wird
3. drastisch: erheblich, nachdrücklich, deutlich, rigoros

Den Inhalt wiedergeben

Übung 1

1. Karibus, Moschusochsen, Polarfüchse, Robben, Walrosse
2. *Lösungsvorschläge:* Eisbären, Wale, Seehunde, Polarwölfe, Gänse, Enten, Fische

Übung 2

1. Die Inuit leben in den Küstengebieten der **Arktis.**
2. Früher gingen sie mithilfe von **Hundeschlitten** zum Jagen und mit **Kajaks** zum Angeln.
3. Die Inuit legten **Vorräte** in getrockneter Form oder **tiefgefroren** von ihrer Beute an.
4. Ein Iglu wurde im Notfall innerhalb einer **halben Stunde** aus **Eisblöcken** errichtet.
5. Ein etwa zehn Meter langer **Eingangstunnel** diente als Tür.
6. In Häusern lebten die Inuit nur im **Winter.**
7. Heute leben die meisten Inuit in **Städten.**

Übung 3

Fleisch:	Nahrung
Reste:	Hundefutter
Speck:	Tran für Lampen
Häute:	Bootshüllen, Zelte, Taschen
Sehnen/ Darm:	Angelschnüre, Seile, Hundeleinen
Fell:	Kleidung
Knochen:	Schlitten, Pfeil und Bogen
Stoßzähne:	Speerspitzen, Harpunen

Test

Übung 1

Käseglocke Käseglocke Käseglocke **Käsglocke Käsegockel** Käseglocke Käseglocke
Suppenhuhn Suppenhuhn **Suppenhahn** Suppenhuhn **Nudelsuppe Superhuhn**
Laternenumzug **Latrinenumzug** Laternenumzug Laternenumzug Laternenumzug
Hunderasse Hunderasse **Hunderase Hunderasen** Hunderasse Hunderasse **Hunderaster**
Bohrmaschine **Bohrmaschiene Brotmaschine Bohrmaschime** Bohrmaschine
Lottospieler **Lottospiele** Lottospieler **Lottospeiler** Lottospieler Lottospieler **Lottoschein**
Bilderrahmen **Bildrahmen Bildernamen** Bilderrahmen Bilderrahmen **Bilderlahmen**
Abenteuerreise **Abenteuerriese Abenteuerreuse Abenteuerweise** Abenteuerreise

Übung 2

1. + 3.

Asien nimmt etwa ein Drittel der Landfläche unserer Erde ein.
In Asien leben ca. 3,5 Mrd. Menschen.
Die einwohnerreichsten Länder Asiens sind China und Indien.
Das Klima in Asien ist sehr vielfältig, aber größtenteils kontinental.
In Asien finden sich zahlreiche geografische Rekorde wie der kälteste und der heißeste Ort, der tiefste und der größte See und der höchste Berg der Welt.
Wirtschaftlich ist Asien auf dem Gebiet der landwirtschaftlichen Produktion von Reis, Kautschuk und Baumwolle besonders stark.
Asien liefert vor allem die Brennstoffe Gas und Erdöl nach Europa und in die ganze Welt.
In Zentralasien leben ähnliche Tierarten wie in Europa.
Tropische Tiere wie der Elefant oder der Löwe finden sich im Südosten und Süden Asiens.

3.1 Wortarten unterscheiden

Nomen und Artikel

Übung 1

	Ist es ein Eigenname?	Kann ich es anfassen/ sehen?	Kann ich es haben/ erleben?	Hat das Wort eine Nomen-Endung?	Kann ich ein/ eine oder der/ die/das davorsetzen?
Angst			X		X die/eine
Hundehütte		X			X die/eine
Traum			X		X der/ein
Bündnis				X	X das/ein
Australien	X				
U-Boot		X			X das/ein
Theater		X	X		X das/ein
Zeit			X		X die/eine
Gejammer			X		X das/ein
Spaß			X		X der/ein
Konzentration				X	X die/eine
Verschwörung			X	X	X die/eine
Langeweile			X		X die/eine
Unglück			X		X das/ein
Tonne		X			X die/eine

Übung 2

Lernen mit dem Computer

Tobias hat zu seinem Geburtstag einen nagelneuen **Computer** mit einem **Scanner** und einer kabellosen **Maus** geschenkt bekommen. „Jetzt kann ich endlich von Felix das tolle **Computerspiel** ausleihen und selbst stundenlang spielen", jubelte er. Doch weit gefehlt. Seine Eltern stellten eine knallharte **Regel** für die **Benutzung** des **Rechners** auf: Gespielt wird nur so lange, wie auch mithilfe eines **Lernprogramms** die englischen **Vokabeln** geübt werden. Schwupps – und schon installierte der **Vater** die **Lernsoftware.** Wenig motiviert setzte sich Tobias an den

Schreibtisch und hämmerte wild auf der **Tastatur** herum. Doch das **Lernen** mithilfe der bewegten **Bilder** auf dem **Monitor** machte erstaunlich viel Spaß. „Pah, diese **Vorschrift** halte ich locker ein“, meinte er und legte gleich noch eine weitere **Übungseinheit** ein.

Übung 3

1. **Der kleine Hund** hüpft vergnügt zwischen ihren Beinen umher. **Wer** hüpft vergnügt zwischen ihren Beinen umher? **(1. Fall: Nominativ)**
2. Dabei stößt er aus Versehen die Gartenhacke **des Großvaters** um.
   Wessen Gartenhacke stößt er dabei aus Versehen um? **(2. Fall: Genitiv)**
3. Sie fällt dem Großvater auf **den großen Zeh.** Auf **wen oder was** fällt sie ihm? **(4. Fall. Akkusativ)**
4. Opa humpelt zu **seiner Frau** ins Haus.
   Zu **wem** humpelt Opa ins Haus? **(3. Fall: Dativ)**
5. Sie verbindet den blauen Fuß **ihres Mannes.**
   Wessen blauen Fuß verbindet sie?
   (2. Fall: Genitiv)
6. Laura räumt inzwischen **die Gartengeräte** in den Schuppen.
   Wen oder was räumt Laura inzwischen in den Schuppen? **(4. Fall: Akkusativ)**

Übung 4

Angst - Ängste, Hundehütte - Hundehütten, Traum - Träume, Bündnis - Bündnisse, U-Boot - U-Boote, Theater - Theater, Zeit - Zeiten, Spaß - Späße, Konzentration - Konzentrationen, Verschwörung - Verschwörungen, Unglück - Unglücke, Tonne - Tonnen;
kein Plural: Australien, Gejammer, Langeweile

Verben

Übung 1

Lösungsvorschläge:
sprinten, laufen, werfen, trinken, springen, starten, messen, stoppen, zuschauen, jubeln, hüpfen, freuen, ...

Übung 2

1. gehen 2. lieben 3. machen 4. haben 5. bieten 6. sein 7. müssen 8. liegen 9. regnen 10. sein 11. sein 12. beten 13. erklären 14. werden

Übung 3

meinen	sehen	sein
ich meine du meinst er/sie/es meint	ich sehe du siehst er/sie/es sieht	ich bin du bist er/sie/es ist
wir meinen ihr meint sie meinen	wir sehen ihr seht sie sehen	wir sind ihr seid sie sind

Übung 4

ich mache - ich machte (R)	ihr könnt - ihr konntet (UR)
du liebst - du liebtest (R)	sie suchen - sie suchten (R)
er hat - er hatte (UR)	ich erbe - ich erbte (R)
sie geht - sie ging (UR)	du willst - du wolltest (UR)
es zieht - es zog (UR)	er fährt - er fuhr (UR)
wir leiden - wir litten (UR)	es liegt - es lag (UR)

Übung 5

Es handelt sich um unterschiedliche Zeitformen der Verben.

„Ich habe gestern einen spannenden Bericht
haben
gesehen. Dabei ging es um Vulkane.“
sehen *gehen*
„Wo ist denn nur mein Füller? Ich hatte ihn
sein *haben*
gestern auf den Tisch gelegt!“
legen
„Mein Opa wird mich morgen besuchen.
werden *besuchen*
Letztes Mal brachte er seinen Hund mit.“
mitbringen

Übung 6

1. müssen
2. sein
3. wackeln
4. spüren
5. + 6. werden

Übung 7

1. Plusquamperfekt
2. Präteritum
3. Futur I
4. Präteritum
5. Präsens
6. Plusquamperfekt
7. Präteritum
8. Perfekt

Übung 8

du sagst- du sagtest- du hast gesagt- du hattest gesagt- du wirst sagen- du wirst gesagt haben
er bringt- er brachte- er hat gebracht- er hatte gebracht- er wird bringen- er wird gebracht haben
sie läuft- sie lief- sie ist gelaufen- sie war gelaufen- sie wird laufen- sie wird gelaufen sein
es ist- es war- es ist gewesen- es war gewesen- es wird sein- es wird gewesen sein
wir singen- wir sangen- wir haben gesungen- wir hatten gesungen- wir werden singen- wir werden gesungen haben
ihr liegt- ihr lagt- ihr habt gelegen- ihr hattet gelegen- ihr werdet liegen- ihr werdet gelegen haben
sie haben- sie hatten- sie haben gehabt- sie hatten gehabt- sie werden haben- sie werden gehabt haben

Adjektive

Übung 1

MEINE HASEN HEISSEN RATZ UND RÜBE. RATZ IST KLEIN UND BRAUN MIT WEISSEN FLECKEN, RÜBE HAT LANGE SCHLAPPOHREN UND IST GRAU. BEIDE SIND SCHNELLE LÄUFER UND KÖNNEN RIESIGE SPRÜNGE MACHEN. AM LIEBSTEN HOPPELN SIE EIFRIG DURCH DAS GRÜNE GRAS ODER BUDDELN TIEFE LÖCHER. DORT VERSTECKEN SIE SICH VOR NACHBARS NEUGIERIGER, SCHWARZER KATZE, DIE LEISE DURCH UNSEREN SCHATTIGEN GARTEN SCHLEICHT. WENN SIE SICH NÄHERT, LAUFEN MEINE ÄNGSTLICHEN HASEN ZU IHREM SICHEREN STALL ZURÜCK UND KUSCHELN SICH DORT INS TROCKENE HEU.

Übung 2

dick - dicker - am dicksten; heiß - heiße - am heißesten; arm - ärmer - am ärmsten; weit - weiter - am weitesten; gut - besser - am besten; wenig - weniger - am wenigsten; trüb - trüber - am trübsten; laut - lauter - am lautesten; natürlich - natürlicher - am natürlichsten; nass (keine Steigerung möglich); faulig - fauliger - am fauligsten, groß - größer - am größten; eifrig - eifriger - am eifrigsten; langsam - langsamer - am langsamsten

Übung 3

hell- dunkel, sauber- schmutzig, arm- reich, sonnig- bewölkt, mager- fett, hungrig- satt, schön- hässlich, wild- zahm

Übung 4

1. Am **liebsten** fahre ich inzwischen mit **guten** Freunden in den Urlaub. Meistens fahren wir mit dem Reisebus, das dauert zwar **lange** und ist ziemlich **unbequem**, aber es ist **billiger** als mit dem Flugzeug. Am Urlaubsort ist es uns **wichtig**, dass dort **viele** andere **junge** Leute sind, denn dann wird es **lustig**.
2. Ich besuche im Sommer immer meine Verwandten in Kroatien. Ich genieße es, **kostenlos** Urlaub am Meer zu machen. Dort ist auch das Wetter viel **besser**, es ist **warm** und regnet fast nie. Außerdem ist es **schön**, meine **lieben** Großeltern wiederzusehen. Sie sind schon **alt** und können selbst nicht mehr so **weit** reisen.
3. Meine Familie und ich fahren seit zehn Jahren in eine **einsame** Berghütte. Dort gibt es nur **kaltes** Wasser und auch kein **elektrisches** Licht. Mir gefällt es **gut,** eine **ruhige** Woche **weit** weg von aller Zivilisation zu verbringen. Danach freue ich mich aber doch wieder auf eine **warme** Dusche und **frische** Brötchen zuhause.

Adverbien

Übung 1

hier, selten, meistens

Übung 2

(Adverbien unterstrichen)

Gerade unterhielten wir uns über das **miese** Wetter, als eine **hohe** Welle **heftig** gegen unser Boot schlug. **Gemeinsam** gingen wir an Deck, um zu sehen, wie **groß** der Schaden war.
Nur **selten** gab es um diese Jahreszeit schon **solch** kräftigen Wind. **Deswegen** erschraken wir **besonders** und hofften, den **fernen** Hafen **bald** **gesund** und **munter** zu erreichen.

Übung 3

Adverb des Ortes (Lokaladverb): hier, dort, überall, hinten, unterwegs, weg, vorn, da
Adverb der Zeit (Temporaladverb): morgen, bald, gestern, seither, manchmal, oft, immer, gerade
Adverb der Art und Weise (Modaladverb): so, gemeinsam, besonders, kaum, genug, vorwärts, beinahe, ebenfalls
Adverb des Grundes (Kausaladverb): hierzu, daher, deswegen, sonst

3.2 Satzglieder erkennen

Übung 1

1. Herr und Frau Maier - freuen sich - auf ihren Urlaub (3 Satzglieder)
2. Der Postbote - steckt - wie jeden Morgen - die Zeitung - in den Briefkasten (5 Satzglieder)
3. Sie - erklärte - es - ihm - auf der Stelle (5 Satzglieder)
4. Kann - Tobias - gut - eislaufen (4 Satzglieder)
5. Der kleine Junge - weint (2 Satzglieder)

Subjekte und Prädikat

Übung 1

1. **Die Schuldisco (S)** beginnt um acht Uhr.
2. Hat **er (S)** Nico den Verband gewechselt?
3. Das Sportabzeichen hatte **niemand (S)** aus der Klasse gemacht.
4. **Der Hauptgewinn (S)** ist noch nicht vergeben.
5. Ab heute sind **Schulferien (S)**!

Übung 2

1. Die Direktorin **begrüßt (P)** die neuen Fünftklässler.
2. Sie **hatte** den Füller ihrer Freundin **genommen (P)**.
3. **Gibt (P)** Paul Johannes das Heft?
4. **Ist** der Streit **geklärt (P)**?
5. Der Tageslichtprojektor **wurde** gerade **beschädigt (P)**.

Die Objekte

Übung 1

1. Thilo verletzte sich in Sport und hat jetzt **ein blaues Auge (AO).**
2. Der Sportlehrer gab **ihm (DO) einen Eisbeutel (AO).**
3. Er beschuldigte **ihn (AO)** aber, **unfair gespielt zu haben (GO).**
4. Trotzdem war sich Herr Müller **der Schmerzen (GO)** bewusst und schickte **Thilo (AO)** nach Hause.
5. Dort erzählte Thilo alles **seiner Mutter (DO).**
6. Diese rief sofort **den Hausarzt (AO)** an.
7. Er gab **ihrem Sohn (DO)** noch am gleichen Tag **einen Termin (AO)** zur Kontrolle.

Übung 2

1. Pia schreibt bei Tobias ab.
   S - P - DO - P
2. Die Zwillinge schenken ihrer Mutter einen Blumenstrauß.
   S - P - DO - AO
3. Die Krankenschwester nahm sich des verletzen Kindes an.
   S - P - GO - P
4. Dem Zebra krault der Tierpfleger sein gestreiftes Fell.
   DO - P - S - AO
5. Der Sänger rühmte sich seiner Künste.
   S - P - GO
6. Dem Geiger spielt der Klavierspieler ein Ständchen vor.
   DO - P - S - AO - P

Die adverbialen Bestimmungen

Übung 1

- Adverbiale Bestimmungen der Zeit, außer „schnell“ (Adverbiale Bestimmung der Art & Weise);
- Adverbiale Bestimmungen des Ortes, außer „gestern“ (Adverbiale Bestimmung der Zeit);
- Adverbiale Bestimmungen der Art und Weise, außer „aus Wut“ (Adverbiale Bestimmung des Grundes);
- Adverbiale Bestimmungen des Grundes, außer „freiwillig“ (Adverbiale Bestimmung der Art & Weise);
- Adverbiale Bestimmungen des Ortes, außer „allein“ (Adverbiale Bestimmung der Art & Weise);
- Adverbiale Bestimmungen der Art und Weise, außer „vor Trauer“ (Adverbiale Bestimmung des Grundes);
- Adverbiale Bestimmungen der Zeit, außer „drinnen“ (Adverbiale Bestimmung des Ortes)

Übung 2

Adverbiale Bestimmung des Ortes	Adverbiale Bestimmung der Zeit	Adverbiale Bestimmung des Grundes	Adverbiale Bestimmung der Art & Weise
- im Fernsehen - in deiner Stadt - in der Innenstadt - am Ende der Fußgängerzone - in der Menschenmenge - in eine wartende Stadtbahn - in den Zug - auf den Asphalt - am Geländer - an der nächsten Haltestelle - im Tierheim - in seinem Seniorenstift - zurück - an der Ecke zur Einkaufsstraße	- am gestrigen Nachmittag - in der heutigen Dienstagsausgabe - während des täglichen Berufsverkehrs - gegen halb fünf - hinterher - vor einiger Zeit	- mit Entsetzen - aus Angst - vor lauter Freude	- suchend - freiwillig - unermüdlich - schwanzwedelnd - rückwärts - kopfüber - wie tot

Test

Übung 1

der Computer - die Computer, die Scheune - die Scheunen, der Kirchturm - die Kirchtürme, die Melone - die Melonen, der Würfel - die Würfel, das Handtuch - die Handtücher, der Wohnwagen - die Wohnwagen, der Gipfel - die Gipfel, das Lebkuchenherz - die Lebkuchenherzen

Übung 2

STUNDENLANG GROLLTE DER **DONNER** UND **BLITZE** ZUCKTEN AM **HIMMEL**. SPÄTER FUNKELTEN **MILLIONEN** VON **STERNEN** AM **FIRMAMENT**. DER **MOND** LEUCHTETE HELL IN **PIAS** **ZIMMER**.
DAS **MÄDCHEN** SCHAUTE DURCHS **DACHFENSTER** IN DIE **WEITE** DES **WELTRAUMES**. DA SAH SIE EINE **STERNSCHNUPPE**. „JETZT HABE ICH EINEN **WUNSCH** FREI“, DACHTE SIE UND WÜNSCHTE SICH ETWAS.

Übung 3

Lösungsvorschläge:

1. Nominativ: **Der Polizist** verteilt einen Strafzettel.
   Genitiv: Das ist die Uniform **des Polizisten.**
   Dativ: Der Kommissar gratuliert **dem Polizist** zu seiner Beförderung.

Akkusativ: Der Falschparker sieht **den Polizisten**.

2. Nominativ: Im Laufrad flitzt **der Hamster** seine Runden.
   Genitiv: Pia putzt den Käfig **ihres Hamsters.**
   Dativ: **Dem Hamster** ist es langweilig.
   Akkusativ: Das Kind sucht **seinen Hamster.**

Übung 5

VERB Tätigkeitswort/Zeitwort
singen, machen, haben, leben, werden, ...

NOMEN/SUBSTANTIV Hauptwort/Namenwort
Tasche, Jacke, Gefühl, ...

ADJEKTIV Wiewort/Eigenschaftswort
klein, mager, glücklich, ...

PRONOMEN Fürwort
er, wir, euch, dein, jenes, ...

ARTIKEL Begleiter
der, die, das, ein, eine, eines, des, dem ...

PRÄPOSITION Verhältniswort
auf, hinter, bei, seit, in ...

ADVERB Umstandswort
sehr, heute, da, während, ...

KONJUNKTION Bindewort
und, weil, aber, obwohl, ...

NUMERAL Zahlwort
zwei, siebzig, dreihundert, tausend,
erster, dritter, ...

INTERJEKTION Ausrufungswort
Aua!, Pfui!, Hallo!, ...

Übung 4

Lösungsvorschläge:

1. Das Baby schreit in der Wiege, **denn** es hat Hunger.
2. Heute ist miserables Wetter **und** der Schulausflug wird verschoben.
3. Jonas will einen Brief schreiben, **daher** muss er noch zu Post.
4. Lisa ist krank, **aber** sie geht zur Schule.

Übung 6

1. Plusquamperfekt	5. Präsens
2. Futur II	6. Perfekt
3. Futur I	7. Präsens
4. Plusquamperfekt	8. Präteritum

Übung 7

1. Wir werden heimgehen.
2. Er hat seine Hausaufgaben gemacht.
3. Es regnete.
4. Sie fliegt nach Italien.
5. Bist du zu Hause gewesen?
6. Wir haben Spaß.
7. Die Scheibe ging kaputt.
8. Er wird ihn belogen haben.
9. Sie hatte ihm verziehen.

Übung 8

Alle	mögen	das Eis	in Giovannis Eisdiele.
Subjekt	Prädikat	Akkusativobjekt	Adv, Best. des Ortes

Dem Bauern	klaut	der Fuchs	ein Huhn.
Dativobjekt	Prädikat	Subjekt	Akkusativobjekt

In Nürnberg	gibt	es	die leckersten Lebkuchen der Welt.
Adv. Best. des Ortes	Prädikat	Subjekt	Akkusativobjekt

Ängstlich	steht	Paul	minutenlang	mit Gerd	auf dem Sprungturm.
Adv. Best. der Art und Weise	Prädikat	Subjekt	Adv. Best. der Zeit	Dativobjekt	Adv. Best. des Ortes

Schreibst	du	deiner Mutter	wegen deines Jubiläums	eine Einladung?
Prädikat	Subjekt	Dativobjekt	Adv. Best. des Grundes	Akkusativobjekt

4.1 Groß- und Kleinschreibung

Übung 1

1. „Heute zählt **Ihre** (5) **Stimme** (1) doppelt!"
2. „Nur **Ferien** (1) am Meer sind für mich **das Wahre** (3a)!"
3. „Der heutige Tag verspricht **wenig Gutes** (3b)."
4. „Nach meiner Krankheit zählt für mich nur **das Heute** (4)."
5. „**Beim Segeln** (2b) habe ich **Entspannung** (1) pur."
6. „Stellen **Sie** (5) sich vor, ich wachte **am Morgen** (6a) im Bad auf."
7. „**Die Fünf** (4) ist **das Schrecklichste** (3a), was mir in **Englisch** (1) passieren konnte."
8. „Seit dem Angstseminar ist **Fliegen** (2c) für mich völlig unproblematisch."
9. „**Gestern Abend** (6b) bekam ich noch spät **Gäste** (1)."
10. „Die Innenstadt ist schön **zum Bummeln** (2b)."
11. „Ich hole mir noch auf **die Schnelle** (3a) **etwas Süßes** (3b)!"

Übung 2

K	I	P	P	E	N	**D**	A	S	E	C	H	T	E	**D**	**E**	**R**	B	O
T	E	S	A	N	D	I	G	E	R	G	E	B	N	I	S	**D**	**I**	**E**
V	I	E	R	I	S	T	**B**	**E**	**I**	**M**	L	E	S	E	N	**Z**	**U**	**M**
J	O	G	G	E	N	L	A	B	E	N	**D**	**R**	**E**	**I**	R	I	C	H
T	I	G	E	S	C	H	W	E	R	B	E	I	N	**E**	**T**	**W**	**A**	**S**
P	A	S	S	E	N	D	E	S	I	H	N	E	N	G	E	N	A	U

Hinweis: drei Richtige (im Lotto) oder: drei richtige (z. B. richtige Antwort)

Übung 3

Bausteine, die beim Bilden der Sätze helfen können:

1. Hier passt jedes Nomen: Katze, Mauseloch, Steckdose, Flugzeuge, Tinte
2. a) das Schwimmen, das Lesen, das Surfen, das Fahren, das Schlucken
   b) beim Radeln, beim Putzen, ich komme vom Laufen, im Stehen, zum Kochen
3. a) das Schrecklichste, das Blaue (vom Himmel), der Arme, das Wichtigste, die Glückliche
   b) wenig Neues, etwas Warmes, viel Altes, nichts Gutes, etwas Salziges
4. die Elf, das Hier, mit lautem Hallo, das Wenn und Aber, das Amen
5. Ihr, Ihnen, Sie, Ihre, Ihren
6. a) am Mittag, am Abend, der Morgen, der Nachmittag, an dem Vormittag
   b) heute Vormittag, gestern Morgen, vorgestern Abend, morgen Mittag, übermorgen Nachmittag

Übung 4

Ein seltsamer Ausflug

Es war an einem Morgen, als wir mit dem Auto aufbrachen, um Oma und Opa zu besuchen. Inzwischen brannte die Sonne vom Himmel und es wurde immer heißer. Auf einmal breitete sich vor uns eine Wüste aus. Die Straße endete urplötzlich in einer hohen Düne aus Sand.
Einige Schritte von uns entfernt sahen wir etwas Verschwommenes auf uns zukommen:
Eine Karawane mit neun Dromedaren. Der Wind wehte mir beim Schauen den feinen Sand der Sahara in die Augen und mein Mund war trocken. Ich war durstig, aber die Weite war unendlich. Kein Wasserloch war zu sehen. Das Nichts hatte uns gefangen und die Hitze wurde unerträglich. Dann knallte mein Kopf gegen die Fensterscheibe.

Meine Mutter musste beim Fahren scharf bremsen und ich wurde wach. Erst jetzt merkte ich, dass wir nicht in Afrika waren. Was für ein Erlebnis. Zum Glück war es nur ein spannender Traum.

4.2 Rechtschreibstrategie: Silben trennen und sprechschwingend schreiben

Übung 1

die Fa-schings-mas-ke-ra-de
der Mu-sik-schul-un-ter-richt
der Na-tur-er-leb-nis-pfad
das Ho-sen-knopf-loch
die Recht-schreib-re-gel-ü-bung
der Ge-trän-ke-kis-ten-ab-trans-port

Übung 2

Lösungsvorschläge:
Gum-mi-bär-chen-tor-te
Rat-ten-schwanz-ver-let-zung
Zu-cker-guss-scho-ko-la-den-tor-ten-plat-te
Rat-ten-kä-fig-tür-schloss-schlüs-sel
Su-per-markt-kas-sen-schlan-ge
Zu-cker-guss-gum-mi-bär-chen-scho-ko-la-den-salat

4.3 Rechtschreibstrategie: Verlängern

Übung 1

Korb - Bank - Steg - Pferd - Kleid - Gartenzwerg - Dreirad - Schild - Imbiss-Stand - Weg - Burg - Sieb - Kind - Hund - Hemd - Anzug

Übung 2

Im Park ist es sonnig, aber ziemlich windig. Trotzdem ist heute mächtig viel los. Wild schnappen die Enten auf dem Teich nach dem alten Brot, das Tinka und Lotte vom Steg aus verfüttern. „Schau mal, diese Ente ist ganz bunt, aber gar nicht hungrig!“, meint Tinka und deutet in Richtung Uferrand. Weit und breit ist nur eine farbige Ente zu sehen. Lotte lacht heftig los, sagt aber nichts. Sie nimmt ihren ganzen Mut zusammen, watet vom Weg aus ins Wasser und schnappt sich gekonnt das Tier. Stolz setzt sie die Ente vor Tinka ab. „Du bist ganz schön blöd“, meint sie grinsend, „die ist doch aus Plastik.“

Übung 3

Präsens:
1. gibt - alle geben
2. sagt - alle sagen
3. schreibt - alle schreiben
4. bleibt - alle bleiben, hebt - alle heben
5. empfängt - alle empfangen
6. fliegt - alle fliegen

Präteritum:
7. band - alle banden, hob - alle hoben
8. rieb - alle rieben
9. lag - alle lagen, schrieb - alle schrieben
10. bog - alle bogen

4.4 Rechtschreibstrategie: Ableiten bei Wörtern mit ä/äu

Übung 1

A) die Bäume - der Baum
B) die Gänse - die Gans
C) die Schwämme - der Schwamm
D) die Mäntel - der Mantel
E) die Körbe - der Korb
F) die Häuser - das Haus
G) die Läuse - die Laus
H) die Schränke - der Schrank
I) die Blätter - das Blatt
J) die Nägel - der Nagel

Übung 2

Wort	Ableitung	eigenes Wort (Beispiel)
2. Rosenknospensch**ä**dlinge	der Sch**a**den	Schädlingsbekämpfung
3. Autowaschanlagenschw**ä**mme	der Schw**a**mm	Badeschw**ä**mme
4. Gespensteralptr**äu**me	der Tr**au**m	Wunschtr**äu**me
5. Sonntagsanzugs**ä**rmel	der **A**rm	Jacken**ä**rmel
6. Blaubeerstr**äu**cher	der Str**au**ch	Ziersträ**u**cher
7. Abrissgeb**äu**de	der B**au**	Geb**äu**debrandschutz
8. Grapefruits**ä**fte	der S**a**ft	Apfels**ä**fte

4.5 Die drei s-Laute

Übung 1

s	ß	ss
Na-se	hei-ßen	has-sen
auslo-sen	begrü-ßen	pas-sieren
Ho-se	gie-ßen	gebis-sen
Streu-sel	entschlie-ßen	pas-sen
Wie-se	sprie-ßen	kas-sieren
Hufei-sen	sü-ß	Gewis-sen
Glä-ser	bei-ßen	verbes-sern
le-sen	schlie-ßen	geschlos-sen
Getö-se	Spä-ße	anfas-sen
	sto-ßen	interes-sieren

Übung 2

Wort	Verwandte Wörter	
er rast	ra-sen	der Ra-ser
der Preis	anprei-sen	die Prei-se
sie bremste	die Brem-sen	brem-sen
mies	der Mie-sepeter	mie-ser
dies	die-ser	die-ses
der Kreis	umkrei-sen	die Krei-se
sie verreist	Rei-se	verrei-sen

Übung 3

1. wissen (2b)	2. Fuß (2a)	3. größer (2a)
4. Gefäß (2a)	5. blass (2b)	6. grüßen (2a)
7. scheußlich (2a)	8. Kasse (2b)	9. es frisst (2b)
10. er beißt (2a)	11. Fleiß (2a)	12. hassen (2b)

4.6 Doppelkonsonaten: „ck“ und „tz“

Übung 1

1.

Ratte – raten	wen – wenn	füllen – fühlen
Maß – Mast	stellen – steh-len	still – Stil
Nase – nass	Bett – beten	Lippe – lieb
lahm – Lampe	Nest – Nebel	viel – Filz

2.

So**mm**er Mi**tt**agspause Wa**ss**erba**ll** Ra**st**stä**tt**e

Kla**ss**enzi**mm**er schwi**mm**en schwi**tz**en pa**ck**en

Hi**tz**e Wa**ck**elpu**dd**ing Ze**lt** de**nk**en

3.

a) Matte- satt- nah- Saat- Tasse- Bar: . . _ _ _ . .
b) leer- Bett- legen- besser- Beet: _ . _ . _
c) Mist- Zwirn- Dieb- viel- lieb: . . _ _ _
d) Rost- Moos- Boot- Boss- Lob: . _ _._
e) Fuß- Kuss- Suppe- nur- Spur: _ . . _ _
f) Hase- Gras- Fahne- Lampe- Ratte: _ _ _ . .

Übung 2

Pi**zz**areze**pt** für Su**pp**enka**sp**er

Du brauchst fün**fh**u**nd**ert Gra**mm** Mehl, ein Päckchen Trockenhefe, eine Prise Zucker, einen E**sslöf**-**f**el Salz, einen Viertelliter lauwarmes Wa**ss**er und einen Schu**ss** Olivenöl.

Gib zuerst das Mehl, die Hefe, das Sal**z** und den Zucker in eine Schü**ss**el und vermische a**ll**e Zutaten. Schü**tt**e da**nn** langsam das lauwarme Wa**ss**er und zum Schlu**ss** das Öl dazu u**nd** knete den Teig einige Minuten gut durch. Ste**ll**e ihn an einen warmen O**rt** und la**ss**e ihn dort gehen, bis sich seine Größe verdo**pp**elt hat. Ro**ll**e den Teig da**nn** flach aus und bestreiche ihn mit Tomatensauce. Belege ihn mit Salami, Schi**nk**en, Pi**lz**en, Oliven oder anderen Dingen, die du gerne isst. Streue zuletzt geriebenen Käse darüber und backe die Pizza bei 180 Grad im vorgeheizten Ofen.

Übung 3

„k“ oder „ck“?		„z“ oder „tz“?	
Krankheit	drucken	Schatz	putzen
Gemecker	trinken	Wurzel	flitzen
Henker	verwelken	Sturz	Spritze
Bäcker	Nelke	Gewürz	Matratze
Zweck	Stücke	Spatz	stürzen
Gestank	Perücke	Schmutz	Warze
Decke	winken	Hefepilz	Harz

4.7 Dehnung: stummes „h“, langes „i“, Verdopplung von Vokalen

Übung 1

fühlen- kühlen- wühlen, sehen- stehen- gehen,
Zahn- Hahn- Bahn, lahm-zahm,
blühen- glühen, Lohn- Sohn, stehlen- fehlen

Übung 2

Nomen: der Stuhl, der Schuh, das Ohr, die Uhr, die Zahl, der Verkehr, der Fehler, die Gefahr, die Bahn, der Zahn, der Hahn, die Sohle, der Lehrer, der Sohn, die Kohle, die Bohne, der Rahm, der Lohn, der Ruhm, die Kehle, der Lehm, die Mühle
Verben: fahren, fühlen, wühlen, kühlen, nehmen, bohren, wohnen, stehlen, sehen, gehen, gähnen, blühen, glühen, führen, zahlen, zählen, kehren, fehlen, ahnen, wählen, verzehren, stehen
Adjektive: berühmt, ähnlich, kühl, früh, fahl, hohl, wahr, ehrlich, gefährlich, zahm, lahm

Übung 5

Der Biber **liegt** auf der **Wiese** und **genießt** gerade den **friedlichen,** stillen Morgen. Er **schließt die** Augen und lauscht dem **lieblichen Lied** einer Meise. „**Hier** lässt es sich aushalten“, denkt er gerade **zufrieden,** als er plötzlich von einem **widerwärtigen** Lärm gestört wird. Ein übel **riechender** Iltis hat bei seinem **Spaziergang** seine Schnauze **neugierig** in den **Bienenstock** gesteckt, um Honig zu **stibitzen.** Doch da werden die **niedlichen** Bienen zu bissigen **Biestern** und starten einen **gezielten** Angriff auf den **Dieb,** um **ihre** Vorräte zu verteidigen. Der **Biber sieht,** dass der Iltis Hilfe braucht, und lenkt **die Bienen** ab, bis sich der Iltis **schließlich** in Sicherheit gebracht hat. „**Vielen** Dank, **lieber** Biber“, der Iltis verbeugt sich und **beschließt,** in Zukunft vorsichtiger zu sein.

Übung 6

Lösungsvorschläge:

Sie buchstabiert ihren Namen.
Hannes probiert den Kuchenteig.
Ich gratuliere dir zum Geburtstag.
Wir haben hart trainiert.
Wir gehen am Strand spazieren.
Ich fotografiere gerne Menschen.
Meine Mutter hat die Bohrmaschine repariert.
Das passiert immer, wenn man nicht damit rechnet.
Wir informieren uns über unser Projektthema.
Er hat sich für das Rennen qualifiziert.

Übung 7

stehlen: ich stehle- du stiehlst- er stiehlt- wir stehlen- ihr stehlt- sie stehlen
sehen: ich sehe- du siehst- er sieht- wir sehen- ihr seht- sie sehen
empfehlen: ich empfehle- du empfiehlst- er empfiehlt- wir empfehlen- ihr empfehlt- sie empfehlen

Übung 8

Aal, Armee, Beere, Beet, Boot, doof, Fee, Haar, Kaffee, Klee, leer, Meer, Moor, Moos, paar/Paar, Saal, Saat, Schnee, See, Staat, Tee, Teer, Waage, Zoo

Übung 9

Lösungsvorschlag:

Die **Armee** in unserem **Staat** hat seltsame Sitten. Ihre Mitglieder stellen sich jeden Morgen vor dem **Kaffee paar**weise auf die **Waage,** dann ernten sie die **Saat** vom letzten Jahr, die **Beeren** im **Moor** [illegible]n **Klee** vom **Beet**. Nur wenn **Schnee** liegt [illegible]elder **leer** sind, gibt es **Tee** und ein **Paar** [illegible]s **Moos** zum Frühstück. Danach [illegible]ile in die **Boote** und schippern über den [illegible]aus ins **Meer,** wo sie **Aale** fangen. Wem [illegible]u **doof** ist, der kann auch den **Teer** für den Weg zum **Zoo** anrühren. Wer viel Glück hat und der **Fee** mit dem langen **Haar** begegnet, darf den ganzen Tag zu Hause im **Saal** bleiben.

4.8 Zeichen richtig setzen

Übung 1

1. Guck doch mal**!** Ist das nicht ein putziges Äffchen**?**
2. Das glaub ich nicht**!** Jetzt hat sich der Affe einen Hut geschnappt**!**
3. Der Mann hat noch gar nicht bemerkt, dass sein Hut fehlt**.**
4. Nun beißt er in den Hut hinein**.** Ob ihm das schmeckt**?**
5. Jetzt erkennt der Mann seinen Hut**.** Was er wohl macht**?**

Affe: Pfui, ich bleibe bei Bananen**!**

Übung 2

Lösungsvorschläge:

1. Spielen wir auf dem Sportplatz Basketball? Wir gehen auf den Sportplatz zum Basketballspielen.
2. Putz bitte mit dem Wischmopp die Limonadenreste der Fete auf! Kannst du die Limonadenreste der Fete mit dem Wischmopp aufputzen? Wir putzen mit dem Wischmopp die Limonadenreste der Fete auf.
3. Hast du die Hausaufgaben für die Schule erledigt? Erledige sofort die Hausaufgaben für die Schule!
4. Mutter packt die Wäsche von der Urlaubsreise aus dem Koffer. Packt die Wäsche von der Urlaubsreise aus den Koffern!

Test

Übung 1

1. schädlich - der Schaden/schädliche
2. anfangs - anfänglich
3. Vertrieb - vertreiben
4. niedlich - niedliche
5. erfolgreich - erfolgen
6. höflich - höfliche
7. fettig - fettige
8. merkwürdig - merken/würdige
9. rundlich - runder/rundliche

Übung 2

1. Hab **dich** ganz doll lieb.
2. Muss **neuerdings** immer an dich denken.
3. Die **Neue** in der Klasse ist richtig **süß.**
4. Kommst du nachher mit zum **Reiten?**
5. Bei Tim ist **heute** Party angesagt.
6. Bin ab **mittags** dann bei Kalle.
7. Alles **Liebe** zum Geburtstag!

Übung 3

Düsseldorf, 5. Februar 2008

Liebste Isabell,
ein herzliches „Helau" und „Grüß Gott" aus dem Karneval. Obwohl das Wetter meist mies ist, haben wir hier riesigen Spaß.
Nasse Füße und eiskalte Nasen halten uns nicht vom ausgiebigen Feiern ab. Schade, dass du nicht mit dabei sein kannst. Ich hoffe, du lernst fleißig zu Hause.
Gruß und Kuss

dein Mike

An
Isabell Werther
Kasseler Straße 27
76 135 Karlsruhe

Übung 4

1. Zapfsäule	8. Bergbahn
2. Dächer	9. Rüssel
3. Kasse	10. Scheune
4. Treue	11. rund
5. Weinfässer	12. Gartenzwerge
6. Gäste	13. bunt
7. Beweise	14. Rastplatz

Übung 5

1. Kalle und Rosa waren gestern im Kino.
2. Kommst du morgen mit zum Fußballspielen?
3. Das geht dich nichts an!
4. Bitte rufen Sie mich morgen noch mal an.
5. Weißt du schon das Neueste?

Zu den Seiten 108 – 111

www.cornelsen.de

Dieser Band folgt den Regeln der deutschen Rechtschreibung, die seit August 2006 gelten.

5. 4. 3. 2. 1. Die letzten Ziffern bezeichnen
12 11 10 09 08 Zahl und Jahr der Auflage.

Printed in Poland
ISBN 978-3-589-22655-9

Gedruckt auf säurefreiem Papier,
umweltschonend hergestellt aus chlorfrei gebleichten Faserstoffen.